Σ 365

Σ 365

발행일 2022년 4월 13일

지은이 원양연
발행인 이길안
발행처 세종출판사

주소 부산광역시 중구 흑교로71번길 12 (보수동2가)
전화 051) 463-5898, 253-2213~5
팩스 051) 248-4880
전자우편 sjpl5898@daum.net
출판등록 제02-01-96

값 19,000원

ISBN 979-11-5979-502-2 03810

Σ365

원 양 연 지음

우주만물이 원운동으로 돌고 돌듯이 인생도 돌고 도는 반복과정의 누적이다.
긍정의 생각을 넣고 돌리느냐 부정의 생각을 넣고 돌리느냐에 따라 인생의 결과는 완전히 다르다.

세종출판사

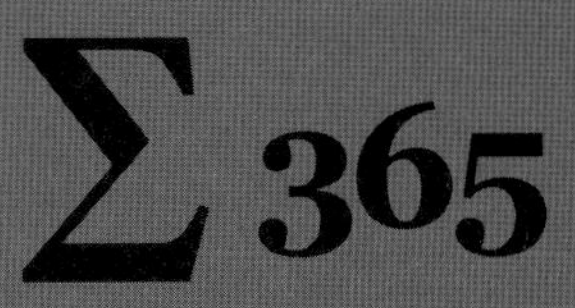

$$\text{인생} = \sum_{t=1}^{n} X_t = \text{나무}$$

$$\text{공부} = \sum_{t=1}^{n} (\text{지식} \rightarrow \text{지혜})_t \rightarrow \text{사회 환원}$$

$$\text{성공} = \sum_{t=1}^{n} (\text{시작} \rightarrow \text{결과})_t \leftarrow \text{관심관리}$$

$$\text{행복} = \sum_{t=1}^{n} (\text{일상} \rightarrow \text{행동})_t \rightarrow \text{밝은미소}$$

百聞不如一見, 百見不如一行, 百行不如一結
백문불여일견, 백견불여일행, 백행불여일결

인생은 매일 매일 삶의 누적으로 수학공식 시그마로 표현된다.
또한, 나무도 매년 사계절(꽃 피고, 열매 맺고, 성장하고, 결실로 인류에 베풀고, 낙엽지고, 새로운 봄 준비)의 과정을 반복하며 성장하므로 인생과 같다. 그래서 인생은 시그마이고 나무로 표현할 수 있다.

공부의 목적은 지식을 지혜로 바꾸어 사회환원(사회발전을 위한 모든 행위)하는 것이다.

성공은 시작하면 결과를 만들고, 그 결과를 관심과 관리를 가지고 피드백 해야 한다.

행복은 일상의 행동이 밝은 미소로 나타나는 것이다.

우주만물이 원운동으로 돌고 돌듯이 인생도 돌고 도는 반복과정의 누적이다.
긍정의 생각을 넣고 돌리느냐 부정의 생각을 넣고 돌리느냐에 따라 인생의 결과는 완전히 다르다.

필자는 긍정·기쁨·미래를 우선적으로 생각하였고, 부정·슬픔(애절함)·과거 는 최대한 배재하며, 언제나 밝은 마음으로 글을 쓰고 있다.
그 결과 “스트레스도 즐겨라”라는 명언도 만들면서 삶을 즐긴다.

당신은 $\sum_{i=1}^{n}$(시그마)에 무엇을 넣고 자신의 인생을 돌리는가?

아라비안나이트는 한 여인이 왕에게 죽음을 당할 시점에, 여인은 왕에게 제언을 합니다. 매일 한가지 이야기를 전해 드리겠으니 이야기가 끝날 때까지 목숨을 살려달다고 합니다. 왕은 허락하였고, 여인의 이야기는 천일 동안 이어졌으며, 왕은 이 여인을 왕비로 맞이합니다.

하루하루가 지나가고 있다.
사람들은 365일 동안 무엇을 생각하고, 의미를 부여하며 살아갈까요?

필자는 365일을 소설·수필·기행문·독후감 등의 일상을 시조형식으로 읽기 편하게 표현하였으며, 틀이 있으나 틀을 벗어나고자 하였다.

유창한 글감이 아니라 365일 동안 쓴 글을 통하여 독자들도 자신의 삶을 그려 보았으면 합니다.

2021년 1월 1일 천일야화 계획을 세워 12월 31일에 한해를 마무리하며 책을 발간하게 되었고, 2022년 현재도 천일야화는 계속 진행 중이다.

글 옆의 빈 공간(사색, note, memo)은 여러분도 스케치하도록 하였으니 펜을 들어 자신을 발견해 보았으면 합니다.

그리고, '참여마당' 은 문자·대면·SNS 등으로 개인의 좋은 글을 수집하여, 우리의 삶의 모습을 그려 보았습니다. 글을 주신 분들께 진심으로 감사드립니다. 또한 '참여마당'의 빈 란에 여러분의 생각이나 전하고 싶은 글을 남겨 보시기 바라며, 완성된 글을 필자에게 전해 주시면 2022년도 책을 발간할 때 반영하겠습니다.

100세 시대를 맞이하여 자신만의 시간이 주어졌을 때 그 시간을 보내는 것은 하늘의 별따기 보다 어렵다. 이 책이 조금이나마 도움이 되었으면 좋겠습니다.

책과 사색(노우트, 메모)의 공존을 처음으로 시도하는 책으로 지인에게도 좋은 선물이 될 것으로 사료 됩니다. 첫 시도는 두렵지만, 언젠가는 새로운 창조물로 자리할 것입니다.

독자 여러분 언제나 행복한 나날이 되기를 기원합니다.

끝으로 책 발간에 도움을 주신 모든 분께 진심으로 감사드립니다.

2022. 3 원 양 연

차 한 잔을 드는 여유

학창시절 의무적으로 글을 써야 할 때를 지나고선 제대로 글을 쓸 기회가 없었던 것 같다.
그래서 글을 쓰는 것을 업으로 삼은 이들의 영역이라고 여겼다.

그런데, 내가 잘 아는 친구가 책을 낸다고 하니 그것도 그냥 에세이가 아닌 시 혹은 시조로 글을 썼다하니 신기하고 궁금했다.
친구는 긴 호흡으로 삶을 시로 읊으며 느끼고 관조하며 관통하는 듯하다.
사람은 겉만 보고는 모른다더니 참 재주가 많은 친구다.
내가 못 가진 재주로 살아가며 느낀 것을 유유히 남기는 모습은 부럽고도 이채롭다.

살아보니 인생은 어쩌면 긴 말보다 차 한 잔 함께 할 때의 짧은 눈 맞춤이 더 위로가 되기도 하는 것 같다.

친구의 책이 차 한 잔을 드는 여유를 가지게 하는 위로의 글이 되는 듯하다.

혜봉 정 성 도

CONTENTS

1 월

신축년 새해

2021. 01. 01. 금.

신축년이 밝았네요
근면성실 뚝심쟁기
흰소새해 재물명예
모두모두 대박수확

새해목표 추상설정
몸의활동 추상화니
십억목표 구체화로
타켓정확 몸이활동

추상계획 갈팡질팡
구체계획 방향명확
역량집중 효과상승
목표향한 소의뚝심

책을읽고 마음수양
글을쓰며 자기발전
나눔으로 덕을쌓는
대박포옹 우보천리

참여마당

가장 원시적인 것이 가장 과학적이다.
(최동희)

가지산

2021. 01. 02. 토.

하얀눈위 새해맞이
석남터널 차량행렬
가지산은 뽀얀얼굴
산꾼들을 반겨주네

계단마다 마음수양
하얀눈위 사랑표시
구슬땀이 새해농사
가지산 엄지척선물

구룡소폭 호박소폭
오천평반석 소와담
자연선물 세심수에
감사하며 정신정화

신축년새해 첫산행
가지정기 듬뿍듬뿍
만사형통 축복의길
하얀눈에 행복받네

참여마당

여백과 공간의 아름다움은 단순함과 간소함에 있다. (김강호)

신축 해돋이

2021. 01. 03. 일.

첫나들이 신축일출
듬성구름 뚜꺼비폼
붉은기운 힘이약해
무대뒤의 조명이네

맨날천날 해돋이가
화려하게 솟아나면
온대지가 바짝말라
삶의고통 감당불가

흐린날도 비온날도
자연속의 과정이니
맑은날만 기대말고
자연선물 그냥즐겨

사람마다 특별한날
맑은날의 소원성취
안들어줘도 원망마
자연현상 세상균형

참여마당

빨리보다는 여유를 후회보다는 신중을 나보다는 남을 생각하자. (신상수)

새해선택

2021. 01. 04. 월.

금정생각 적극대처
부정생각 불가연발
능동활동 자동반응
수동활동 억지반응

이성으로 판단명확
감성으로 균형상실
기쁜마음 밝은빛깔
슬픈마음 우울모드

미래지향 발전전진
과거집착 후회눈물
도전정신 해결방안
나태정신 연명급급

신축년의 마음자세
선택따라 결과맞이
선택주체 자신이고
좋은결실 따라오네

참여마당

긍정은 언제나 길을 찾는다. (김선호)

풍광(風光)

2021. 01. 05. 화.

풍광단어 경치통칭
바람과빛 자연예술
바람빛고 빛의색상
매일풍광 천지창조

바람불어 천지조화
빛이있어 천지색상
바람소리 조각예술
빛의흐름 세상채색

글자한자 읽어보면
단순현상 원천의미
단어탄생 뜻을알면
심오하고 맛깔나네

풍광글자 선인지혜
말한마디 깊은뜻에
경이롭고 신비하여
씹을수록 맛이있네

참여마당

인생은 좋은 Input 이 있어야 멋진 Output 으로 결실을 맺는다. (김재봉)

충전(充塡)

2021. 01. 06. 수.

일한당신 충전하라
충전없이 전진못해
휴식시간 여행시간
전진위한 충전이네

목표달성 조급하면
하는일도 중도하차
중간중간 충전시간
게으르다 생각마소

과거시간 결과점검
현재시간 진행점검
미래궤도 방향확인
전진위한 충전이네

충전할때 불안말고
행복하게 즐겨보면
신구상이 반짝여서
충전이란 도약과정

참여마당

철이 든다는 것은 겉돌던 자신에게로 돌아온다는 뜻이다. (남경우)

맞장구

2021. 01. 07. 목.

철썩퍼벅 쏴아쿵떡
갯바위와 집채파도
때려가고 버텨내는
용쟁호투 맞장뜨네

일렁파도 너울너울
삼킬듯이 무서워도
모래품엔 숨죽이며
자장가를 들려주네

떼구르르 또르르르
동굴둥굴 비벼대며
파도몽돌 화음으로
곱고맑은 용궁소리

맞부딪힘 달래는힘
사랑의힘 포용의힘
맞장구로 정해진삶
무덤까지 이어가네

참여마당

산을 오르는 힘든 과정은 인생의 여정과 닮았다. (김진오)

소한추위

2021. 01. 08. 금.

소한추위 막강해서
대한추위 소한집에
놀러왔다 얼어죽은
옛이야기 실감나네

소한지난 부산몇일
영하십이 얼음눈발
강한한파 몰아치니
방콕해도 발이꽁꽁

몇십년만 청정추위
장갑속의 손도꽁꽁
내년농사 풍년기대
코로나도 동사기대

아침일출 관람일상
맹추위여 물렀거라
너아무리 발악해도
목표향해 나는간다

참여마당

살면서 해야 할 일, 할 수 있는 일이 있다. 하지 말았어야 할 일만 안했다면 잘 살은 인생이다. (박성수)

회색인(도서)

2021. 01. 09. 토.

공부구속 탈피하며
꿈의대학 입학해도
월남가족 인민재판
북한출신 감시대상

연고없는 자유생활
세상비방 세상번뇌
연극영화 시나리오
생각만땅 헛발가득

생각그림 독백밀당
추진없이 번민갈등
스스로친 쇠사슬에
돌파구를 못찾았네

목적없는 자유생각
무궁무진 피워가며
생산연결 효과내는
신세계를 펼쳤으면

참여마당

화려한 옷 속에도 감춰진 값싼 바느질은 있다.
(정원섭)

남덕유산

2021. 01. 10. 일.

강추위속 포근따땃
영각사출 뽀득뽀득
바위군락 장독대라
이쁜눈이 깜찍하네

남덕유봉 철사다리
파란창공 우주여행
덕유산기 꿈틀꿈틀
겨울왕국 영광이네

동봉서봉 미끄럼틀
쪼르르륵 엉덩이쿵
상고대와 눈꽃잔치
환상속의 합중주네

이리갈까 저리갈까
지금시간 즐기면서
꿈을꾸는 소년으로
미래시간 행복하게

참여마당

삶은 무한질주가 아니라 함께 걷는 인생길이다. (강현경)

목표란 1

2021. 01. 11. 월.

목표목표 무엇일까
인생길 다듬어가고
삶의가치 발현되는
인간만의 행복이네

좋은삶을 향해가고
하고싶은 길을가고
꿈을향해 실천하는
삶의방향 길잡이네

버킷리스트 할일들
가족웃음 소박행복
서로위한 화합의길
결과웃음 행복목표

고난극복 길을찾고
삶의가치 높이면서
인생길이 밝아지면
이모든게 목표라네

참여마당

신은 죽었다. 그리고 신은 죽지 않았다.
(김영섭)

목표란 2

2021. 01. 12. 화.

삶의질이 개선되게
하나하나 실천하며
좋은결과 이뤄가면
그것들이 목표라네

거시목표 인생방향
미시목표 생활방향
생활속의 성취활동
거시목표 달성여정

총론이란 각론집합
각론구성 성류알들
집대성에 총론결실
목표완성 새출발선

열심히 산다는것은
열심히 결과내는것
결과없는 열심삶은
부지럼속 속빈강정

참여마당

내 것이 아니면 어떠리, 우리의 건인데.
(김후중)

지구발전

2021. 01. 13. 수.

지구발전 결과총체
보여지고 만져지고
기록하고 개선하는
끊임없는 생산과정

사대성인 빛난바탕
제자들의 기록생산
세계각국 문화유적
인류사의 결과물들

말보다는 행동으로
기록하고 만들면서
개인목표 종착지는
결과물의 생산이네

힘들다는 이야기들
탄생부터 무덤까지
장애물로 장막쳐도
자신목표 완성해봐

참여마당

어떤 일이던 시간이 지나면 해결된다.
(김명수)

좋은말 나쁜말

2021. 01. 14. 목.

좋은말은 입에쓰고
나쁜말은 입에달아
좋은약은 입에쓰고
나쁜약은 입에다네

부모님의 좋은말은
잔소리라 짜증내고
공부밖에 모른다며
부모원망 답이없네

사기꾼들 미사여구
현혹되면 패가망신
우정어린 진심충고
필요없다 팽겨치네

칭찬말도 조리맞게
사용해야 감사하며
상황틀린 칭찬말은
가치없는 조롱이네

참여마당

주어진 운명은 최선의 노력으로 개척이 가능하다. (원진연)

둥지

2021. 01. 15. 금.

산새들이 지지배배
숲속마을 산새들이
예쁜둥지 틀었나요
서로좋아 지지배배

둥지마다 지지배배
꿈이피는 사랑의빛
은은하게 퍼져가며
싱그러움 가득하네

둥지하나 마련하면
사랑님이 오시려나
산새처럼 멋을내고
울어대면 오시려나

지지배배 지지배배
사랑둥지 여기있소
이쁜님아 어서오소
사랑의꽃 어하둥둥

참여마당

1톤의 생각보다 1그램의 행동. (김광석)

바닷가

2021. 01. 16. 토.

찰랑찰랑 호수바다
모래밭에 새겨지는
발자국을 훔쳐가는
파도따라 덩실덩실

홍이돋아 새가되어
갈매기와 춤을추며
불러보는 사랑노래
암코양이 화답하네

통통선이 경쾌하게
항구품에 스며드니
기분좋은 항구등대
신바람에 반짝반짝

신전에는 보석조개
탱글탱글 빛나는데
짭쪼리한 바닷물만
들락날락 쏴아아악

참여마당

나의 역지사지와 님의 배려가 세상을 행복하게 하는 원천이다. (노창현)

발자국

2021. 01. 17. 일.

한가롭게 밀려오는
파도소리 감미로워
휘바람을 불며불며
홀로걷는 이바닷가

다정하게 손을잡고
먼바다를 지켜보며
그윽하게 빨려드는
이쁜사랑 그려본다

사랑이란 그런건가
허전함을 채우려고
몸부림치며 울어도
공허함만 속삭이네

파도따라 밀려드는
사랑속삭임 애달파
발자국만 남기면서
하염없이 걷고있네

참여마당

노후에는 건강한 사람이 최고 부자다.
(강정수)

신선한 아침

2021. 01. 18. 월.

신선한 아침의노래
파도소리 쿵쾅쏴아
산새소리 지지배배
건각의 발리듬소리

검은구름 파란하늘
어둠에서 깨어나며
파스텔톤 무지개빛
새벽하늘 희망솟네

아름다움 언제든지
생각따라 흘러가니
신선아침 햇살처럼
따뜻하게 포근하게

달이차고 달이줄고
매일매일 해가뜨니
재미란걸 묻지마소
마음속에 답이있네

참여마당

할 수 있는 '나'이다. 할 수 있는 '나이'다.
(전미경)

돈을쫓다

2021. 01. 19. 화.

돈쫓으면 돈멀어져
일확천금 꿈을꾸고
돈아돈아 돈이날아
닭쫓던개 허망통곡

내것하락 남것상승
내것팔고 남것사고
따라가다 강통차는
돈을쫓아 돈을꼬네

호황일때 현금확보
개소뜨면 빠져나와
불황일때 투자활동
죽겠다면 투자시작

투자종목 투자분석
그래프로 추세분석
의사결정 분명하게
자신없음 은행예금

참여마당

최고의 선은 자연의 순리로, 세상 삶의 이치다.
(김호식)

기회잡자

2021. 01. 20. 水.

목표설정 명확해야
기회인식 기회잡아
목표없음 기회와도
기회인지 모른다네

살다보면 좋은기회
세번오니 놓치지마
기회와도 머뭇머뭇
기회가고 후회하네

옛것고집 변화싫음
기회와도 기회몰라
준비된자 기회잡고
안락한삶 행복추구

내생활을 리딩해야
기회들이 많이보여
눈치보고 신세타령
오는기회 비켜가네

참여마당

도전, 인생의 또 다른 시작이다. (원양연)

그리스인 조르바(도서)

2021. 01. 21. 목.

장돌뺑이 조르바~
자유활개 자유예절
글쟁이~ 책속두목
신세계로 날고파라

못하는게 어디있나
피해자도 가해자도
동일하게 하나님아
신과악마 하나일세

의식주색 굴레에서
외로운녀 혼자일때
자유사랑 자유인내
삶의예절 판단조건

자유로운 삶의유영
천부재능 조르바삶
부러워서 글로쓰며
선과악은 신들거야

참여마당

길은 멀어도 마음만은 ~ (오규환)

빗소리

2021. 01. 22. 금.

새벽어둠 빗방울들
빗살무늬 창이되어
동토시간 밀어내며
봄소식을 뿌려가네

촉촉하게 젖어가는
님의향기 꽃이되어
아름다운 꽃세상을
열어줄날 멀지않네

안개비의 반투명에
산천초목 운우지정
감미롭게 스며드니
사랑풍경 밀려오네

낙엽들의 우산아래
야생화도 방긋방긋
희망의봄 퍼지면서
우산속에 다정사랑

참여마당

인생길은 지름길이 아닌 에움의 길,
느림과 쉼표를 사랑하라. (김영실)

안개비

2021. 01. 23. 토.

안개비가 퍼져가며
컬러도시 회색채색
깊고깊은 고요속에
홀로되어 신들리네

그리운님 품에안고
뒹굴뒹굴 꿈의환희
안개비로 샘이솟고
촉촉함이 감미롭네

사랑사랑 끝이없이
밀려가고 밀려오고
거친파도 부서지는
환상속의 광시곡~

포근하게 감싸오는
꿈속으로 빨려들며
맛난단잠 깰까싶어
갈등으로 칭칭감네

참여마당

내 가슴은 내가 연다. (이영호)

파도야

2021. 01. 23. 토.

파파팍 하얀물보라
하늘높이 솟구친다
때려치고 부서지며
고정관념 깨져간다

인생이란 부딪히며
돌파구를 찾는거야
무섭다고 머무르면
머나먼길 가시밭길

부서지고 깨지면서
인생길이 험하다는
푸념보다 치고가면
호수바다 樂이오네

산다는건 파도타기
쾅쾅 때리고때려서
갯바위를 몽글몽돌
다듬듯이 권토중래

참여마당

인생은 한번 뿐, 열심히 바르게 인생을
즐기며 행복을 찾자 (유인순)

영축산

2021. 01. 24. 일.

영알프스 영축산은
통도사의 뒷산으로
부처님이 화엄설법
인도산과 동일명칭

구봉완등 목적산행
생명력이 숨을쉬니
한발두발 땀속에는
기쁨있고 가치있네

안개구름 몰아쳐도
성과달성 뿌듯하여
하늘하늘 새가되어
온산하의 정기받네

그냥오른 영축산과
목적위한 영축산은
산행의미 기쁨충만
목표삶이 인생행로

참여마당

간절한 소망이 있어야 한다. (태경섭)

신과 악마의 사랑

2021. 01. 25. 월.

神의왈 악마사랑해
너의행위 높아지니
제자들이 먹고살아
악마사랑 끝이없네

너가있어 편안하게
돈을벌어 살수있어
악마닮은 현상들이
돈의원천 노다지네

명랑하면 돈이안돼
우울모드 돈이되니
악마들아 몰아쳐라
너를팔아 신은영웅

신이없음 인간세상
철학으로 아름답게
빛을내고 살터인데
신과악마 한통속야

참여마당

오늘이 마지막인 것처럼. (현지윤)

가지산

2021. 01. 26. 화.

빗소리에 두근두근
가지산 상고대와눈
어서오라 꼬드겨서
무방비로 빨려든다

낙엽들이 살아나고
얼음빙판 겨울의맛
운해들이 너울너울
산을타며 환상폭발

빗소리가 놀려대도
희망품고 정상도착
먹다남은 상고대멋
노하거나 슬퍼말라

안개구름 운해장관
영알봉들 섬이되니
이없으면 잇몸으로
우중산행 또다른맛

참여마당

판단을 잘하자. (박선예)

가지산

2021. 01. 27. 수.

붉은태양 영알프스
붉게붉게 물들이는
일출장엄 잘될모드
부지런해 영광있네

휘청휘청 흔들흔들
바람소리 요란해도
상고대를 살찌우니
더강하게 몰아쳐라

파란하늘 청명색지
상고대의 순백물감
영알프스 힘찬물결
대자연에 엄숙하네

자연맛을 아는꾼들
어떤난관 마다않고
목표향해 가는모습
성공비결 따로없네

참여마당

왕관을 쓰려는 자, 그 무게를 견뎌라. (김유정)

지리산

2021. 01. 28. 목.

폭설강풍 영하한파
허허실실 전략으로
문명이기 셔틀타고
체력비축 시간절약

세심수에 마음정화
거친숨을 몰아쉬며
진신사리 기운안고
지리산의 정기품네

지리산길 지옥이면
사후걱정 하나없어
생각속에 천당지옥
천당지옥 본인선택

눈발칼날 얼굴납짝
한파지옥 파고넘어
백설축제 유암폭포
지리산은 명불허전

참여마당

물 흐르듯이 살자. (김유민)

흔적

2021. 01. 29. 금.

인생길은 선행자의
흔적따라 가는거고
내삶길의 흔적따라
후행자들 오고있네

서산님 답설야중거
흔적따라 삶이있어
미래삶을 보려거든
흔적에서 길을찾게

백설위 선행발자국
그위로 발을놓으니
감사하며 심신안정
흔적들은 디딤돌길

흔적위에 흔적쌓아
흔적으로 성장하며
흔적으로 후세교육
흔적문화 발전동력

참여마당

남을 사랑하기전에 자신을 먼저 사랑하라.
(김미정)

비움과 채움

2021. 01. 30. 토.

산길따라 맑아지며
닫힌마음 풀려가니
세상만물 곱디고와
이런것이 초심인가

마음열려 연놓으니
자연따라 연이오고
비워가면 채워지며
산천초목 연이라네

버리는것 남는거야
버려봐야 의미알아
품고있음 썩어가니
세심수로 환희담네

빼고넣고 살다보면
변화무쌍 대응능력
정의길이 외로워도
풍경소리 그윽하네

참여마당

가슴이 떨릴 때 떠나라 다리가 떨리면 늦다.
(권진선)

고헌산 · 문복산

2021. 01. 31. 일.

언양진산 고헌산은
영알프스 북쪽끝에
정상용정 옛성터등
화랑훈련 역사산실

외항재서 빽코스로
서봉동봉 진달래밭
너를반겨 놀테니까
춘삼월에 초대해줘

영알프스 일천고지
최고낮은 문복산은
드린바위 품고있어
절벽길이 별미산행

구봉인사 메달욕심
산행맛이 급행되고
숨소리가 거칠어서
결과중시 산맛없네

참여마당

모든 사람에게 최선을 다 하자. (박용문)

영남알프스
YEONGNAM ALPS
가지산
해발 1,241M
2021년
영남알프스 완등

CONTENTS

월

생활발견

2021. 02. 01. 월.

대화속에 어록있고
지인들과 이야기에
삶의방향 들어있어
생활발견 자기개선

내속에서 나를찾고
너속에서 너를찾아
개성있는 아이디어
생활발견 문화창출

가정일을 편안하게
사람들은 게으르게
아이디어 창출하는
생활발견 대박의길

생활습관 고정관념
변화힘든 등잔불밑
자신행동 재조명해
생활발견 자신존중

참여마당

입이 재난의 근원이다. (원현숙)

재약산(수미 · 사자)

2021. 02. 02. 화.

귀가얼얼 찬바람에
냉기몰려 몸울어도
떨어지는 땀방울에
젊은보석 땡글땡글

누런억새 사자평원
봄이오는 물소리에
계단길을 몰아쳐서
재약산과 악수했네

산군모여 영알군란
리듬타며 흥겨워서
발걸음도 둥실둥실
사자등에 올라타네

금강폭포 연마바위
놀고가라 꼬드기고
표충사가 손짓해도
번갯불에 콩을볶네

참여마당

개인의 1등보다, 함께하는 1등을 하자.
(연갑수)

입춘대길

2021. 02. 03. 수.

한해시작 작심삼일
입춘대길 건양다경
새해각오 재다짐에
누렁소도 음메음메

누런벌판 황금벌판
가는길이 멀고멀어
소띠해의 우보천리
입춘대길 힘을내세

올해입춘 꽃샘추위
동해바다 입춘일출
우주기운 건양다경
듬뿍품고 뚜벅뚜벅

희망잃어 희망주고
꿈이없음 꿈을심는
절기별로 다짐각오
우리삶의 방편이네

참여마당

최선을 다해 빈 마음을 채워라. (이종길)

봄오시네

2021. 02. 04. 목.

봄이란놈 얄궂구나
오려거든 살살오지
앙탈부려 괴롭히고
오돌오돌 떨게하누

동백꽃이 봄왔다고
꽃봉우리 열었다가
꽁꽁얼어 피도못한
슬픈얼굴 애처롭네

입춘이라 방심하다
춘래불사춘 냉기로
꽃샘추위 살을에니
봄속에도 가시있네

그리해도 봄이좋아
가시밭길 넘어가면
봄꽃축제 바람부니
사랑꽃을 피워보네

참여마당

남편보고 아들보고 웃자, 복들어 온다.
복이 넘친다. (양이화)

간월 · 신불 · 영축

2021. 02. 05. 금.

배내고개 겨울안고
바람결에 떠밀려서
간월산에 안착하니
영알프스 굽이치네

간월재와 신불재의
억새평원 누런물결
신불산 춘래불사춘
옷깃세워 건강관리

억새하늘 나플나플
양산울산 도시물결
영축산서 마음점검
돌아갈길 멀고머네

왔던길을 돌아가니
모든힘이 빠지는듯
터벅터벅 돌고돌아
원점회귀 고행수행

참여마당

남보다 한발 앞서 노력하면 먼 훗날에 큰 결과를 얻는다. (손상영)

정념과 이해관계(도서)

2021. 02. 06. 토.

정념대립 정념억제
정념효과 논쟁통한
무가유로 전환하며
자본주의 창출하네

개별정념 이익우선
상호충돌 손해발생
이해관계 협상통한
비교우위 선두경쟁

이해관계 사회계약
활동결과 기록투쟁
이론대립 정책변화
자유토론 자본발전

굶주림이 욕망발동
비교욕망 탐욕추구
부의축적 명예과시
욕망변화 성장동력

참여마당

휴대폰을 접고, 뇌에 사색을, 마음의 거울은 자연이다. (이성권)

재약산(수미봉 · 사자봉)

2021. 02. 07. 일.

케이블카 백호바위
허허실실 전략으로
수미봉에 억새평원
동일시간 다른효과

사자봉의 바위능선
세상만사 평온바람
맘이날고 몸이날며
행복향기 스며오네

산을찾는 젊은이들
기백탄탄 나라기둥
보기좋아 뭉클뭉클
영원하라 대한민국

영알프스 품어가며
능선따라 계곡따라
와도와도 또와야지
젊은맛이 살아있게

참여마당

산은 자애롭고, 산은 지혜롭고, 산은 준엄하기에, 산은 구름을 탓하지 않는다. (김수현)

일출

2021. 02. 08. 월.

불그스레 밝아오는
새벽바다 수평선에
무지개빛 퍼져가며
밤하늘을 깨워가네

초승달도 일출감상
철새비상 일출감상
꿈달성에 일출감상
오메가로 보답하네

배한척을 드시면서
태양신이 빛을내도
개들의신 돈신보다
천배만배 따뜻하네

태양신의 자연예술
매일마다 마음다짐
삶의가치 충만되며
태양덕치 행복근원

참여마당

축제처럼 신나게! 취미처럼 즐겁게! (이맹호)

고헌산 · 문복산

2021. 02. 09. 화.

찬바람이 몰아오고
밝은햇살 길을방해
나무들이 손내밀어
가는길을 도와주네

바람불어 하늘청명
영알프스 선이뚜렸
좋고나쁨 상황연극
고헌산이 전해주네

바위길이 위험해도
나무바위 도움받아
드린바위 들어서니
행동해야 얻는다네

문복산과 전망대서
땀방울의 보약한첩
혼자만이 웃음짓는
산행의맛 또다른맛

참여마당

인생 후반전 더욱 알차게 살자. (정종화)

알과 신화

2021. 02. 10. 水.

거북이나 봉황새의
동글동글 알속에서
왕의탄생 건국신화
긴가민가 신기하네

알중에서 최고알은
바다속의 태양알신
무지개빛 붉은광배
품격높은 알의탄생

태양알신 기운으로
태양같이 강열하게
태양같이 따뜻하게
태양같이 만민평등

선조들의 희망사항
왕의정치 태양덕치
만백성이 동일혜택
알의신화 탄생하네

참여마당

고개를 숙이면 부딪히는 일이 없다. (오석윤)

간월 · 신불 · 영축

2021. 02. 11. 목.

간월공룡 바위험로
곡예사의 줄을타며
방울방울 보석생산
간월산과 포옹하네

억새황금 세월미학
신불산은 신없다며
최고삶은 자신에게
과거밟고 미래서라

통도사의 불경소리
영축산에 울려퍼져
중생들이 평온하게
안전산행 세심산행

백팔번뇌 수행계단
신불공룡 견심수행
산들연꽃 이심전심
사람연꽃 자비로다

참여마당

좋은 사람을 만나고 관계를 지속할 수 있는 것이 인생의 행운이자 복이다. (김영한)

설날

2021. 02. 12. 금.

아이들의 재롱잔치
코로나로 영상사진
설날이며 설날아닌
특이명절 맞아보네

세상만사 쉽지않아
사회환경 복잡다난
그리해도 가야할길
잘찾으라 설날이네

탓을한들 무엇하리
현재순간 행복하게
좋은생각 긍정행동
잘된다는 다짐설날

만난것의 지극정성
조상님께 차례드림
일상생활 그리하라
삶과예의산실 설날

참여마당

인류와 지구를 위하여 인류는 고양이 크기로 진화해야 한다. (김주형)

존재

2021. 02. 13. 토.

내가존재 당신있고
내가존재 생명있고
내가존재 사물있어
내가존재 만물있네

내존재무 당신없고
내존재무 생명없고
내존재무 사물없어
내존재무 만물없네

존재하니 존재한다
존재없음 존재없다
존재만물 느끼는건
존재하여 받는영광

존재의미 살려가며
존재가치 높이면서
존재함에 감사하며
존재속에 존재감동

참여마당

바람 불면 수구리라. (이호성)

운문산

2021. 02. 14. 일.

발렌타인 사랑쵸코
운문산께 받아야지
굳은날도 흥이나서
발걸음도 가볍다네

흩어지는 과거시간
낙엽들이 바스라져
거름으로 돌아가니
생명만물 윤회하네

방바닥과 씨름보다
구름재롱 우중산행
생의활력 살려주는
자연운치 기분이짱

운문정상 입맞추고
영알프스 용마루의
힘찬줄기 불끈불끈
산세쵸코 심신보약

참여마당

저 높은산 드넓은 바다 같은 삶은, 지나보니
험난한 시간과 깊은 수렁의 연속이더라.
(박병주)

건견진견(蹇見眞見)

2021. 02. 15. 월.

마음으로 보라는말
동일하게 경청해도
맹숭맹숭 좋은결과
건견진견 차이라네

목적있음 관심집중
아이디어 진견이고
목적없음 건성건성
주마간산 건견이네

고객관점 고객동참
고객감동 사물관찰
진정성의 표현창출
마음으로 보는진견

상대말도 소중하게
모아두어 활용하며
생각관찰 경험결합
창조능력 발현되네

참여마당

행운은 꿈꾸는자의 몫이다. 참고 또 참고
버티면 반드시 웃는 날도 온다. (하철성)

태양을 쫓아라

2021. 02. 16. 화.

태양일출 동지이후
동해따라 북진하니
태양쫓아 헐레벌떡
태양너도 쉴세없네

앙증맞은 젖가슴이
봉긋봉긋 솟아나며
호빵되고 오메가로
동그랗게 윤이반짝

붉은태양 붉은물결
동해바다 핏빛물결
밝은태양 햇살물결
하늘바다 평화물결

하지지나 태양남진
해가아닌 지구도네
내가돌며 내가중심
주제파악 못했었네

참여마당

세상이 왜 이런가? 하고 보면, 나도 많이
변했어. 어제는 하고 싶었던 것이 오늘은
아니거든. 맘 가는대로 내버려두고 싶군. (김성찬)

태양

2021. 02. 17. 수.

내일도 태양이 뜬다
모레도 태양이 뜬다
글피도 태양이 뜬다
오늘은 당신이 태양

내일도 태양이 뜬다
모레도 태양이 뜬다
글피도 태양이 뜬다
오늘은 내자신 태양

내일도 태양이 뜬다
모레도 태양이 뜬다
글피도 태양이 뜬다
오늘은 너와나 태양

내일도 태양이 뜬다
모레도 태양이 뜬다
글피도 태양이 뜬다
오늘은 우리가 태양

참여마당

반드시 이기고 싶으면, 무조건 져주면 이긴다.
(제갈태호)

우수(雨水 · 優秀)

2021. 02. 18. 목.

우수받은 오늘성적
한해중에 최고성적
기분좋아 햇살쬐니
동백꽃이 축하하네

대동강도 녹여주는
우수성적 좋다구나
성적좋아 칭찬들어
닫힌마음 녹아드네

눈이녹아 물이되어
생명발원 우수절기
사회발전 초석으로
인재발굴 우수성적

이렇던지 저렇던지
지금현재 최고선택
오늘위해 과거있고
내일위해 우수우수

참여마당

세상사는 자체가 마음 닦는 일이다. (조민희)

임자

2021. 02. 19. 금.

사물마다 임자따로
집나가면 찾지마소
액땜이라 생각하면
누이좋고 매부좋고

오랫동안 정든사물
인연없음 떠나가서
새주인을 만나거나
떠돌다가 사라지네

자동차도 임자따라
팔자소관 달라지고
꿈쩍않던 집과땅도
임자오면 순간이동

세상만물 교감통해
임자따라 사물따라
합을이뤄 만났으면
인연으로 애지중지

참여마당

인생은 사계절이다. (노승업)

늙음 개나주소

2021. 02. 20. 토.

나이들어 나이앞장
늙었다며 늙음앞장
말과행동 티를내며
늙음갇힌 늙은세상

늙음생각 불안팽배
늙음앞장 꿈뜬행동
그시간에 젊음가꿔
젊은행동 즐거운삶

죽음앞에 돈도무용
바보같은 말들보다
돈있으면 베풀면서
존경받고 세상안녕

늙어보니 과거향수
라떼야그 개나주소
지금현재 최고순간
파릇파릇 살다가소

참여마당

나에게 자유를 달라 얽매이지 않는 삶을 살고 싶다. (김외영)

화악산

2021. 02. 21. 일.

밀양청도 화악산은
경남경북 경계로서
정상전설 옥정우물
기우재를 지냈다네

맑고냉한 청량수로
미나리를 재배하여
유명한 한재미나리
야들야들 봄맛상큼

밤티재서 겨울미끌
봄빛햇살 정기상승
암릉시원 시름날고
능선풍광 봄이로다

정원집삶 부러워마
아파트삶 자유여행
가는곳이 자연정원
고장의맛 최고일품

참여마당

시작은 기쁨이다. 해보지 않고, 무엇을 할 수 있겠는가? (김경련)

해운대의 봄

2021. 02. 22. 월.

봄볕따라 울렁사랑
산들산들 바람사랑
갈매기들 끼룩사랑
아지랑이 어질사랑

모래알에 새겨가는
발자국에 사랑그림
그리워라 그리워라
저바다에 외쳐보네

도를닦아 마음안정
해운대의 봄향기에
아름다운 봄꽃놀이
어찌도가 앞서겠소

푸른바다 두리둥실
노를저어 놀아보세
최종꿈은 도가아냐
방랑시인 도를아네

참여마당

행복은 주변에 있다. (이예진)

운명

2021. 02. 23. 화.

운칠기삼 운구기일
행위결과 좋고나쁨
운명론적 삶과연결
운명이라 평가하네

국가별 전쟁과빈부
확정적인 운명인가
아프리카 최장역사
빈민운명 언제까지

우리나라 빠른번영
발전활동 계속되며
사람마다 다른운명
결과통한 운명시작

운명결과 좋든말든
운명위에 운명연속
당장결과 운명적삶
장기결과 운명관리

참여마당

엄마 아빠와 같이 놀아서 좋아요. (원하윤)

화악산

2021. 02. 24. 수.

흐린날로 봄바람이
시들어서 써늘써늘
나무들이 살맞대고
부비부비 추위쫓네

새순들이 봄이라며
토닥토닥 불거지고
낙엽들은 거름되어
즐기면서 살라하네

갈라지고 부서지고
자라나고 넘어지며
제자리를 지키기에
화악산이 있는거네

가지산과 비슬산도
지리산과 밀양뜰도
알고보면 이웃사촌
우물안 개구리였네

참여마당

오늘을 후회없이 인생을 즐기면서 살자.
(이동선)

크게보면

2021. 02. 25. 목.

희로애락 삶의애환
빈부격차 울고웃고
삶왜이래 삶어때서
크게보면 인생이네

발전번창 낙후빈국
문명발전 전쟁평화
자연활동 자연신비
크게보면 세상이네

매일일출 매일달라
눈비오고 춥고덥고
자연현상 변화무쌍
크게보면 천지조화

지구활동 천지조화
은하수의 먼지티끌
은하수도 별자리라
크게보면 우주라네

참여마당

어제보다 더 행복한 오늘을 보내자. (원동호)

정월대보름

2021. 02. 26. 금.

구름울쌍 구름비에
대보름달 보일란가
이태백이 놀던달을
소주잔에 띄울란가

오곡밥과 귀밝기술
부럼깨기 달집놀이
쥐불놀이 어디갔나
세상변화 재미없네

명절들이 어영부영
핫바지 바람빠지듯
사라지고 없어지니
변화란 게으름이네

늦게나마 달이뜨면
님그리며 한잔술에
달에담긴 님을보며
세상시름 잊어볼까

참여마당

하루하루 발전하자. (원규식)

장산

2021. 02. 27. 토.

바람불어 좋은날도
바람불어 나쁜날도
사람마다 느낌마다
순간마다 다르다네

이기대의 하얀포말
옥녀봉서 볼정도면
봄이오는 진통과정
인생사도 그러하네

냉기품은 봄바람에
정상도전 포기하고
재송선택 바람잠잠
목표수정 그것도삶

너덜바위 시원조망
바람피해 얻은자유
작전변경 희생최소
군자들의 덕목이네

참여마당

연연하지 마라. 지나가는 과정이다.
항상 긍정적으로 생각하자. (박맹곤)

금정산

2021. 02. 28. 일.

봄바람이 차가워서
매화꽃이 시들시들
봄이오며 봄이가도
봄오기만 학수고대

바우들도 봄을타나
까칠까칠 뽀송반짝
손님맞이 단장하고
봄열기로 밝게웃네

가슴이탁 시원시원
넓게봐야 넓은가슴
좁게보면 참새가슴
보기따라 다른가슴

아기자기 상계봉의
바위군무 천태만상
시각따라 변화무쌍
너는나를 어찌보나

참여마당

믿어라. 그러나 검증하라. (이치성)

CONTENTS

월

재능

2021. 03. 01. 월.

프랑스속담 재능은
다른사람 재능발견
사업가는 재능인재
영입해서 사업확장

애플사 스티브잡스
자기생각 실현해줄
인재찾아 동분서주
토론협상 세상리딩

유비재능 삼고초려
제갈공명 인재영입
삼국지의 한축되고
영웅들과 영원하네

자신재능 타인재능
서로결합 윈윈전략
완전인간 없으므로
재능존중 재능발전

참여마당

살다보면 길이 막힐 때도 있다. 그러면 돌아가고 힘들 때는 쉬어가면 된다. (박경용)

나침판

2021. 03. 02. 화.

허허벌판 사막에서
망망대해 대양에서
북두칠성 나침판에
목적지를 찾아가네

알수없는 인생길의
나침판은 자기목표
많은역경 헤쳐가는
원동력의 원천이네

자신만의 나침판은
갈곳몰라 방황할때
길을찾는 방향키요
종착지길 열쇠라네

좋은것을 향해가고
아름다움 보려하고
멋진삶을 살기위해
나침판을 만들어요

참여마당

하루의 시간은 모두 하나의 씨앗이 될 수 있다. (전기범)

시간

2021. 03. 03. 수.

사랑시간 머무르소
죽음시간 지나가소
동일시간 다른시간
시간속에 시간혼돈

사람마다 시간갈등
흘러흘러 시간가니
시간들이 보약이고
흐른시간 명약이네

지난시간 돌아가서
다시삶을 시작해도
동일운명 동일결과
돌아와도 현재모습

과거시간 수정보다
미래시간 꽃동산서
영원토록 살수있게
계획하고 실행하세

참여마당

오늘을 후회없이 인생을 즐기면서 살자.
(이동선)

어촌풍경

2021. 03. 04. 목.

칠흑새벽 어장도착
찬바닷물 시소타며
고기들과 체력싸움
일출보며 항구입항

분주해진 아낙네들
까고털고 널고말려
찬바람도 잊어버린
어촌풍경 동분서주

비린내의 어촌향기
어구들과 고기미역
작품으로 볕을쬐며
도시여행 꿈을꾸네

사시사철 낮과밤이
햇살파도 구분없이
아낙네의 등을따라
밀려가고 밀려오네

참여마당

지금 내가 머무는 이 시간이 극락이다.
(이말심)

가지산

2021. 03. 05. 금.

안개인지 구름인지
가슴가슴 적셔가니
산행맛이 님의손맛
열이올라 땀이송글

경칩계곡 맑은물로
목욕재계 손님맞이
새싹들이 돋아나게
머루름을 씻겨내네

가지이슬 영롱눈물
님이담겨 용기주고
꽃눈들이 탱글탱글
놀다가라 길을막네

가지정상 태극기도
졸고있다 깨어나서
구름속에 훨훨단신
하늘땅을 연결했네

참여마당

길 위에서 지금 함께하는 사람이 가족이다.
(장주식)

봄날

2021. 03. 06. 토.

봄날이 봄아닌가봄
봄바람 강풍인가봄
봄왔다 돌아가나봄
봄꽃도 움츠리나봄

오돌오돌 떨려와서
난전상인 목소리도
겨울옷에 파고들어
햇살조차 추워떠네

동백꽃의 꽃망울이
불거졌다 움츠리는
봄날속의 겨울에도
봄맞이는 여념없네

봄날씨가 요상해도
봄을찾아 움직이자
추워봤자 봄추위니
봄사랑이 봄열기네

참여마당

산은 높을수록 더 오르고 싶다. 아무리 가는 길이 힘들어도 정상으로 나는 가리. (강영구)

가지산

2021. 03. 07. 일.

검은구름 바람울음
하수상한 하늘연속
봄이품은 겨울얼굴
상고대를 피웠다네

영알프스 백색능선
구름이슬 얼고얼어
상고대가 주렁주렁
순백세상 황홀하네

자연세계 순환과정
좋고나쁨 따로보는
인간삶은 이익찾는
불나방이 아니련가

봄꽃과 상고대피며
봄과겨울 동시상영
환상세계 볼수있음
올바른삶 축복이네

참여마당

물 흐르듯이 겸손하게 살면서, 남에게 이로움을 주자. (박성환)

봄의찬가

2021. 03. 08. 월.

봄이올듯 머무르고
물러갈듯 봄이오니
봄사랑이 감질나서
봄타령속 겨울연가

봄꽃추위 덜렁대다
예쁜꽃이 웃고있어
봄꽃보다 아름답게
춘화한폭 그려볼까

붉게붉게 꽃이피며
바람소리 요란해도
홍조춘화 만개하여
꽃샘추위 물러가네

봄꽃피고 봄꽃지며
봄꽃향기 진동하듯
꽃이떨고 꽃이우니
하늘땅이 천국이네

참여마당

마라톤은 질서 속으로 뛰어 들어갔다가 혼돈 속에서 달려 나오는 수련이다. 그러므로 마라톤 풀코스는 모든 순간이 도전이며, 인생이다. (하상봉)

목련

2021. 03. 09. 화.

하얀목련 방긋방긋
봄이왔어 봄이왔어
꽃샘추위 변화무쌍
잠재우려 피는구나

작은봄꽃 귀염귀염
겨울동토 봄알려도
하얀목련 굵게피니
봄이불쑥 다가오네

하얀목련 백옥피부
하얀입술 파르르르
꽃바람에 떠는맛이
애처로운 춘화로다

돌고돌며 반복되는
겨울봄을 잇는목련
하얀세상 하얀사랑
맞잡은손 목련화네

참여마당

스트레스도 즐겨라. (원양연)

백로화(白露花)

2021. 03. 10. 수.

구름이슬 칼바람이
빚어놓은 상고대를
순백세상 고품격에
백로화로 개명하네

바람구름 합심일체
백로화의 백로왕국
그렇게도 지난밤을
울어대며 건설했네

백로처럼 고고하게
떠날때는 미련없이
백로화의 곧은기개
사군자에 비할손가

백로화가 피어나듯
서로사랑 일심동체
모진진통 승화시켜
사랑꽃의 사랑왕국

참여마당

진정한 성공은 자기자신을 가장 행복하게 하는 것이다. (이성수)

봄이와요

2021. 03. 11. 목.

봄이와요 봄이와요
남해바다 햇살따라
봄바람이 살랑살랑
내마음에 봄이와요

봄이오는 길목에서
매화꽃이 동백꽃이
님의향기 뿜어내니
하늘하늘 아련사랑

꽃중에서 최고꽃은
님웃음이 아니련가
꽃이있어 봄이좋고
사시사철 꽃과사네

하얀파도 사랑놀이
사랑싣고 띠띠빵빵
범민사랑 소박사랑
행복함에 웃음사랑

참여마당

모든 신은 나의 맘 속에 있다. (정재경))

남의 떡

2021. 03. 12. 금.

세상에서 제일큰떡
남의떡야 남의떠억
내손떡이 작은것은
탐욕굴레 크고깊네

공부못한 저친구가
나보다도 잘살다니
돈머리와 공부머리
의사결정 사용차이

돈욕심에 눈이멀어
내부갈등 벼락거지
행동없고 도전없이
남의떡에 신세타령

사람욕심 끝이없어
균형잡힌 절제능력
스스로가 풀어내야
맘이안정 생활안정

참여마당

오늘은 남아 있는 인생의 첫날이다. (김인숙)

가지산

2021. 03. 13. 토.

봄의전령 하얀물결
매화목련 피고질때
꽃샘추위 가지산에
백로화를 찾아가네

백옥피부 백로자태
백로화에 반해버려
새벽길을 떠나려니
님의질투 두렵구나

가지정상 백로화는
선녀되어 날아가며
눈물뚝뚝 애달파라
님이시여 백로화여

백로눈물 모여모여
봄의생명 젖줄되니
물이오른 봄기운을
님과함께 향유하네

참여마당

운동하는데 아낀 시간은 병원가는데 쓰인다.
(박지관)

금정산

2021. 03. 14. 일.

금정산의 진달래꽃
봄재촉에 살랑살랑
봄바람에 두리둥실
동문에서 벗들교우

친구좋고 하늘좋고
암봉장엄 봄향기길
산행맛이 넘쳐나서
기운상승 훨훨나네

금정정기 집결암봉
산신령님 모셔두고
안산즐산 축문기원
신령님과 박장대소

삼사망루 장대에서
왜놈주적 잊지말라
소비경제 촉진위해
한잔술에 우정듬뿍

참여마당

높이, 높이 걸어서 온 세상을 환하게~
(구헌서)

요철

2021. 03. 15. 월.

아궁이에 불을지펴
가마솥이 울어대면
모닥불로 뜸들여서
구수한맛 음미하네

복사꽃이 나플거려
벌이되어 날아드니
꽃잎으로 감싸안아
찔러대니 꽃이웃네

봄향기에 쑥떡쑥떡
달님토끼 절구소리
살살쿵쿵 쿵광통통
까무라치는 봄봄봄

봄이로다 봄이로다
붉고하얀 형형색색
요요운동 가위질에
방아타령 쿵짝쿵짝

참여마당

더 높이, 더 넓게, 더 멀리, 산과 세상과 나를 바라보자. (정승안)

재약산(수미봉 · 사자봉)

2021. 03. 16. 화.

백호바위 어흥어흥
무슨설움 있으시나
백호보는 맘이울어
웃는너가 울고있네

봄바람에 날자날아
모든시름 내려두고
수미세계 수미봉에
자아없어 공허하네

사자평의 억세초원
세월가니 세월오고
극심걱정 날려봐도
근심걱정 살아나네

올라가면 내려오고
돌고도는 자전공전
무엇이든 순환하며
선과악이 공존하네

참여마당

행복이 들어오게 마음의 문을 열어라.
행복이 들어온다. (배상달)

바람

2021. 03. 17. 수.

바람분다 바람불어
바람잔다 바람이자
바람으로 변화하고
바람으로 머무른다

구름들이 춤을추고
꽃이피고 꽃이지고
씨앗들이 이동하고
바람있어 활동하네

바람으로 얼어붙고
바람으로 갈라지고
우주만물 조각작품
바람바람 바람이네

바람불어 좋고나쁨
바람품은 사람따라
바람소리 요란함은
우주변화 알림이네

참여마당

인생이 뭘까 생각하다 한 세월 다 가네.
(김위동)

운문산

2021. 03. 18. 목.

운문산의 구름들이
가지산에 놀러가서
운우지정 즐감하며
봄향기에 사랑바람

암릉길이 사람잡아
바위틈에 바들바들
죽냐사냐 찰나순간
온갖번뇌 이겨내네

산이산을 넘고넘어
도리재뜻 알겠구려
굶는설움 달래라고
사과밭이 지천이네

독수리야 날자구나
심심이골 세심계곡
새털구름 여행하늘
봄꽃사랑 땅의영광

참여마당

물같이 바람같이 살아라. (송주칠)

밤의노래

2021. 03. 19. 금.

님그리워 다듬이질
풀을먹여 빠빳한베
까칠까칠 님의손맛
내낭군님 언제오우

가위소리 찰깍찰칵
여닫이도 잘되는데
백옥다리 마른이끼
샘물조차 말라가네

바느질의 강약따라
깊고얕음 넓고좁음
반딧불아 불밝혀라
내낭군님 후딱오게

씨줄날줄 서로맞아
화려한베 환상인데
내줄하나 어디가서
베조차도 못짜는고

참여마당

상상하라, 습관이 되게 행동하라. (이용우)

둥지

2021. 03. 20. 토.

사랑사랑 둥지둥지
꿈을꾸며 희망안고
둥지틀어 사랑가를
불러보자 내사랑아

사람마다 욕심달라
한울타리 다른세상
의견일치 살맛나고
의견불치 죽을맛야

이런저런 사유따라
새둥지가 탄생하며
평화찾고 남이되고
불협화음 새둥지점

사랑둥지 웃지만은
각자우주 빅뱅둥지
살동안만 안정둥지
살아보면 그게아냐

참여마당

걸어라, 상상의 날개가 펼쳐진다. (이강영)

억산

2021. 03. 21. 일.

진달래꽃 분홍금침
솔솔바람 리듬타며
님의향기 살랑대니
이강산이 최고로다

문바위와 사자바위
기암절벽 낙락장송
굳은의지 고운자태
신선들의 도장이네

한국화의 병풍절경
아늑따뜻 명당터에
사랑가를 불러보며
춘화한폭 그려보네

아이고야 어이구야
억산깨진 천둥인가
팔풍계곡 맑은물에
노루귀가 야들야들

참여마당

살아보니 인생 별 것 아니더라,
하고 싶은 것 해라. (백인종)

바람

2021. 03. 22. 월.

왜그렇게 우시나요
무슨설움 그리많아
문풍지를 흔들면서
귀신울음 내시나요

서러움을 풀어내란
그말조차 힘드네요
당신마음 되지않음
어찌그맘 알겠나요

하늘울음 먹고크는
봄꽃들도 몸을떨며
슬퍼하고 위로해도
바람설움 끝이없네

바람이여 울어대서
한맺힘이 풀린다면
대성통곡 맘껏우소
지치면은 잠들겠지

참여마당

후회할 짓을 하지말자. 우회 할 거면,
하고 후회하자. (김현서)

시간

2021. 03. 23. 화.

오는시간 가는시간
묶어두고 살수없나
두줄로 꽁꽁묶어라
시간은 바람이되네

시간죽음 멈춤이니
생각행동 멈춤이요
모든것이 멈춤이라
시간위에 놀아보세

물리시간 상대시간
사람마다 다른시간
성공사람 시간관리
타령사람 시간속에

흐르는건 시간이고
변화앞장 인간이니
시간이란 변화이고
변화란게 시간이네

참여마당

움직여라. 잠자는 시간외에는
끊임없이 움직여라. (이종섭)

수양벚나무

2021. 03. 24. 수.

하얀꽃이 줄을타며
바람따라 살랑살랑
춤사위에 넋을잃고
피아노도 흥돋우네

봄바람에 사랑사랑
그네타며 사랑사랑
흔들흔들 사랑사랑
살짝살짝 사랑사랑

그리운님 그리워서
목을빼고 어디오나
수양벚꽃 사랑타고
하늘높이 날아보네

파란하늘 하양세상
수양벚꽃 그네타며
한오백년 살고파라
꽃이지고 꽃이피네

참여마당

선행이나 친절을 베풀어라,
그리고 기대 심리를 가지지 마라. (노승규)

진달래

2021. 03. 25. 목.

두견새가 슬피울면
진달래꽃 피어나서
만산분홍 설레임에
꽃을찾아 꽃나들이

바들바들 떨고있는
진달래꽃 곱게따서
화전놀이 뒤편에는
애환설움 끝이없네

님가신길 붉은눈물
수를놓는 진달래여
너를밟고 어찌갈꼬
목이메어 길을잃네

진달래꽃 사랑이여
진달래꽃 슬픔이여
파르르르 떠는사연
님주신밤 손길이네

참여마당

고마해라, 다 안다. (정용일)

벚꽃놀이

2021. 03. 26. 금.

하얀꽃이 춤을추고
하얀그네 하늘날아
하얀꽃눈 휘날리는
벚꽃길은 환상축제

파란하늘 벌과나비
꽃들에게 사랑신청
꽃도좋아 함박웃음
하양노랑 놀아보세

꽃길따라 늴리리야
봄꽃향기 그윽하니
청사초롱 불밝혀라
춘화지정 펴져가게

벚꽃축제 마당놀이
님이없음 꽃샘추위
님과있음 금상첨화
꽃중의꽃 내님이네

참여마당

즐거워야 인생이다. (장태식)

부지런해(日)

2021. 03. 27. 토.

아침운동 나섰더니
해가떠서 방긋방긋
혼자놀기 심심한지
해변열차 타고노네

언제그리 이사갔어
이삿짐도 안꾸리고
북쪽이사 살기어때
이사떡은 언제주니

부지런해 부지런해
너가일찍 일어나니
온세상이 바삐돌고
나는어찌 제자리네

봄꽃춤과 봄꽃웃음
간질간질 박장대소
따뜻한정 더해주니
너는너는 착한해야

참여마당

커랑코에꽃처럼 수줍은 듯 다복하게 살아가자.
(최영희)

낙화유수

2021. 03. 28. 일.

봄비울음 낙화유수
하얀꿈이 흩날리며
연인들의 어깨위로
함박꽃눈 내리네요

꽃눈펄펄 사랑의길
예쁜꽃잎 추억꽃잎
님이되고 내가되어
사랑향기 새로피네

바람따라 낙화유수
앞서거니 뒷서거니
님의길이 꽃길되게
이내몸을 받치리다

봄비오고 바람불면
님오시나 버선발로
어깨위로 꽃눈오면
님향기에 방황하네

참여마당

비우자고 다짐해도 실천하기 별따기라,
그럼에도 가야한다. (이복희)

봄나들이

2021. 03. 29. 월.

화사한꽃 백치웃음
꿈이피는 파란하늘
두팔벌려 안아보니
봄향긴가 님향긴가

슬픈마음 슬픔봄날
기쁜마음 기쁜봄날
벌과나비 짝을찾는
예쁜봄날 아롱아롱

벚꽃유채 진달래꽃
온산하에 바람났어
너를보러 내가가야
그바람을 잠재우지

행복함과 즐거움이
퍼져가는 좋은봄날
그봄날에 님과함께
내청춘은 항상봄날

참여마당

무궁화꽃 무궁무진 피어나듯, 상상나래
무궁무진 피워가며 실행하자. (원양연)

매실

2021. 03. 30. 화.

뽀송뽀송 하얀솜털
눈깔사탕 매실열매
엄동설한 꽃의결실
사군자라 칭송하네

보릿고개 굶주린날
하루속히 해결코자
매실열매 주렁주렁
목민관이 매실이네

매실지와 매실진액
매실술과 매실요리
위장병등 민간요법
서민의사 매실이네

볼품없고 까칠해도
속이꽉찬 매화매실
북풍한설 뚫어낸건
만백성을 위함이네

참여마당

나이 들어 할 일 많다. 사회활동 사회공헌
발굴하고 후원하자. (박원근)

남한산성(도서)

2021. 03. 31. 수.

남한산성 삼전도의
수모역사 도돌이표
소잃고도 외양간을
안고치고 말싸움뿐

선조 임진정유왜란
광해 친명배청반란
인조 죽은명에의지
삼전도에 머리찍네

국가백성 안중없고
대신들의 이익추구
조둥이만 놀려대고
전쟁나면 살궁리만

김상헌과 최명길중
누구선택 질문에서
왜그역사 만들어서
그런질문 하게하나

참여마당

이름 한번 불러보고, 술 한 잔 나누면서,
살가웁게 살아가자. (박종식)

세습왕조

2021. 03. 31. 수.

세습왕조 잘나가다
어린자식 왕권이양
섭정정치 외척시대
권력판매 부정부패

외척배격 왕과근접
내시환관 권력장악
왕은놀고 지멋대로
충언하면 단두대네

신하들은 권력쟁취
이전투구 숙청작업
백성들은 안중없고
근친세력 확장작업

물이고임 썩어가고
순환하면 살아남음
알면서도 권력마약
저승가야 끝이나네

CONTENTS

4 월

자산어보(玆山魚譜)

2021. 04. 01. 목.

주자학이 이겼노라
새학문이 유배되어
죽은공자 살아나도
지구천체 돌아가네

귀양살이 험난해도
자산어보 동의보감
국가보배 태동하니
나쁘지만 좋은제도

가오리는 가오리길
홍어삶은 홍어의길
자산어보 어류도감
한국최초 세계최고

신학문을 유배시킨
주자학도 이념철창
실사구시 배척하다
조선유배 조선멸망

참여마당

갑자기 다가서는 친절에 주의하라.
인생길이 뒤집어 질 수 있다. (임호임)

천주산

2021. 04. 02. 금.

달천계곡 암반에서
벚꽃놀이 즐길때에
천주산은 불이나서
붉게붉게 타오르네

연초록의 파스텔톤
중생구제 목탁소리
힐링숲의 피톤치드
몸과맘이 청춘일세

진달래꽃 활활타소
진화보다 즐길라요
홀로피면 연약해도
군집피니 꽃중의꽃

하늘기둥 천주산의
고향의봄 진달래꽃
분홍금침 꽃대궐에
남녀노소 붉어지네

참여마당

혼자보다 두명이, 두명보다 열명의 한걸음이
세상의 변화를 이끈다. (최호철)

새판짜기

2021. 04. 03. 토.

탐관오리 백성피를
빨고빨며 쇼를해도
암행어사 박문수뿐
제도위에 권력있네

범도떠는 가렴주구
백성들은 땅에의지
관료들은 백성이땅
고리끊기 어렵구나

산업변화 소득다양
민주발전 제도정비
가렴주구 끊어지니
직종다양 국가의길

신소재와 첨단과학
끊임없는 새판짜기
도태되면 가렴주구
성공하면 태평성대

참여마당

신체나이를 생각하지 않고 맘만 믿고 내 몸에 무리를 가하지 말자. (이혜영)

빗소리

2021. 04. 04. 일.

투둑투둑 빗소리에
님오시나 창문여니
웃으면서 스며들어
그냥그냥 웃어보네

사랑타고 내려오는
빗방울의 멜로디에
소프라노 바람고음
연초록춤 광분하네

가슴속을 뛰고놀던
양철지붕 음악연주
강약중강약 또르르
샘물소리 으으으음

신명나서 하늘위로
손가락을 날려가며
부르스에 홍얼홍얼
그냥그냥 흐르네요

참여마당

말보다는 실천을, 요구보다 배려를,
내가 먼저 행동하자. (이부영)

천주산

2021. 04. 04. 일.

빗소리가 부르네요
진달래가 슬피울며
천주산이 울고있어
달래려고 달려가네

북면탁주 한빙차고
연초록이 생긋웃는
이거리를 걸어봐요
홍겨움에 고향의봄

운우지정 진달래꽃
울음조차 살가워서
너를두고 어찌갈꼬
애정샘물 달콤하네

구름이여 바람이여
나를태워 놀아주소
사랑꽃과 이강산을
즐기면서 살아가게

참여마당

포개진 꽃잎들의 붉은 숨결 동백꽃. (이귀연)

종남산

2021. 04. 04. 일.

보슬비가 소리없이
이내가슴 적셔가는
종남산에 들어서니
연초록빛 향연이네

숨이차고 미끄런길
진달래가 유혹하니
아니갈수 있겠는가
너를보러 내가간다

연분홍빛 차려입고
살랑살랑 미소지며
어서오라 손짓하니
환장해서 미치겠네

종남산아 종남산아
너는너무 좋겠구나
붉은색시 품에안고
사는너가 부럽구나

참여마당

인생은 새싹이다. (김군엽)

봄의선물

2021. 04. 05. 월.

이삼월에 매화동백
벚꽃유채 꽃과나비
추위뚫고 꿈을안고
내사랑을 찾는다네

진달래와 철쭉물결
삼사월의 꽃샘추위
바들바들 떨어가며
님품속을 찾아드네

매실보리 새끼들이
웅석떨며 초롱초롱
귀엽고도 고맙구나
칠십억의 생명이네

꽃이지며 연초록잎
산과들은 총천연색
싱그러운 아기웃음
봄의선물 사랑이네

참여마당

산행으로 알아가는 자연의 맛,
살아가는 길을 밝혀준다. (원양연)

화왕산

2021. 04. 06. 화.

고깔모자 알록달록
이산저산 농악놀이
흥겨움에 신명나서
괘지나칭칭 좋으타

화강암의 기암절벽
화산폭발 분화구에
창녕조씨 탄생설화
머리싸움 최고걸작

화왕산성 정월보름
달집놀이 사라지며
허준촬영 진달래밭
화왕명품 강산변화

배바위의 슬픈눈물
진달래로 곱게피며
아픈기억 꽃이되고
전설되어 영생얻네

참여마당

천재는 암기력이 아니라,
상상을 현실로 만드는 사람이다. (원양연)

태양하루걸음(지구자전)

2021. 04. 07. 수.

붉은태양 매일매일
이동해서 해가뜨니
이동거리 걸음계산
태양만큼 걸어볼까

지구둘레 사만킬로
삼백육십도 나누고
사십칠도 곱셈해서
백팔십일 나눈다네

태양하루 이구킬로
사람한보 칠십센티
보폭으로 환산하면
사만보를 이동하네

태양하루 사만보면
하루걸음 충분해도
육지길은 꼬불꼬불
바닷길은 답이없네

참여마당

오직 방심하지 말고 항상 온통이어라
(혜봉 정성도)

천동설 · 지동설

2021. 04. 08. 목.

태양일출 매일마다
뜨는장소 달라지니
태양이동 틀림없어
천동설이 탄생하네

태양일출 일년동안
오르내려 기후변화
코페루니 옛문헌등
원운동론 지동설야

지구에서 태양보며
천동설을 주장하나
하늘태양 웃으면서
지가돌며 남탓하네

자기중심 사고방식
천동설에 갇혀살고
상대존중 사고방식
지동설로 자아찾네

참여마당

웃음은 누구에게나 언제나 접근하기 쉬운 대화법이다. {김봉진}

아흡컬레의 구두로 남은 사내(도서)

2021. 04. 09. 금.

알수없는 의문전화
쌩쑈하며 방어준비
교수라도 질문없이
자기신상 까발리네

삶의질곡 삶의도난
안죽었나 역정내다
눈감으니 세상상실
모정진심 눈물펑펑

우연찮게 들어선길
수렁속에 빠져가도
바른길야 고집불통
악따구만 숨을쉬네

한공장속 다른관점
제복착용 자유사활
잘린팔에 생계공포
위치따라 삶의격차

참여마당

나는 사랑을 하고 있다. 지금까지도 산과 사랑하고 앞으로도 산과 영원한 사랑을 할 것이다.(김진수)

갈매기

2021. 04. 10. 토.

끼룩끼룩 너울너울
한가로운 해안선의
하얀파도 써핑하며
즐겨노는 갈매기떼

하늘높이 날아올라
조나단의 꿈도꾸고
바닷속의 용왕님도
만나뵈니 부럽구나

바닷소리 합중주에
바람타고 군무나래
파란하늘 파란바다
백옥살결 퍼포먼스

모래밭과 뱃전에서
까까들고 손흔들면
갈매기와 군무비행
자유로운 영혼이여

참여마당

등산이란 기본이 우선이 되어야 하고,
배려 입니다.(허창호)

구룡산 · 관룡산

2021. 04. 11. 일.

오색영롱 구름타고
아홉마리 용이승천
원효대사 보았다고
관룡사와 구룡산야

화왕산의 화산흔적
구룡암릉 암릉연꽃
보는사람 보일거고
못본사람 바우타네

역린비늘 주의하며
하늘높이 날자구나
신선놀음 용을타고
관룡산에 안착하네

용선대 석조여래상
중생구제 이심전심
몇천년을 설법해도
사람탐욕 더커지네

참여마당

가플막 지나 묵정밭.
삶의 탐구 영역이 늘 존재하는 곳.(김병환)

비슬산

2021. 04. 11. 화.

붉은물결 흔들흔들
비슬산 대운동장에
진달래꽃 매스게임
구름조차 쉬어가네

진달래향 님의향기
진달래춤 님의율동
진달래곡 님의노래
빠져들고 빠져드네

붉으스레 술취했소
사랑빛에 취하였소
진달래품에 빠져서
님향기에 맛이갔소

대견사의 삼층석탑
하늘높이 걸터앉아
빈하늘을 내어주며
내려놓고 가라하네

정의(正義)

2021. 04. 12. 월.

인생살이 답이없다
예나지금 동일한말
젊은이들 희망잃고
꿈을접어 길을잃네

삶의질곡 봉착마다
용어정의 내려가며
삶의방향 잡아가면
자기정화 인생의맛

정의내릴 능력부족
삶의방향 갈팡질팡
왜이렇게 사는거야
술타령에 허송세월

인생공부 성공행복
상대방도 끄덕이게
자신만의 정의설정
인생길이 신작로네

두가지

2021. 04. 13. 화.

세상결정 두가지야
할것인가 말것인가
행동없는 선택고민
남는것은 고민고통

머리좋고 행동없음
쪽박차기 일수이고
부족해도 행동하면
발전하며 진일보네

행동해야 결과얻고
결과보면 수정출발
천리길도 한발한발
일확천금 사기꾼밥

지금너는 어떤행동
지금나는 어떤행동
지금현재 행동하라
미래위해 행동하라

짚시태양

2021. 04. 14. 수.

햇님햇님 어디가요
일정한곳 정해두고
살아가면 좋을텐데
역마살이 끼었군요

밤이되면 어디에서
숙식해결 하시나요
용왕님이 돌보시나
지신님이 돌보시나

유목민도 짚시들도
내집마련 정착생활
태양님도 형편되면
유랑생활 접으시죠

너그들이 쌩쑈하며
가만있는 내탓하노
돌은놈이 안돌았다
지구니도 똑같구나

참여마당

타임머신

2021. 04. 15. 목.

삼분출발 십분출발
삼분출발 탑승해서
목적지를 향해가니
어디있노 친구연락

세모위치 알려주니
네모지역 알려와서
현재시간 과거미래
공존하며 달리구나

도착시간 분리하면
나는현재 너는미래
너와나의 통신교신
현재미래 동시간대

순간이동 뒤차타면
미래전철 타임머신
순간이동 앞차타면
과거전철 타임머신

두루미(학)

2021. 04. 16. 금.

그놈한번 늘씬하고
자태또한 빼어나니
어느누가 너를보고
반하지를 않겠는가

솔향기의 끝자락에
목을길게 빼어들고
어느하늘 님을찾노
나는나는 어쩌라고

푸른창공 새털구름
날개짓에 구름되어
유유자작 흘러가는
글라이드 너로구나

너의폼을 빌려다오
우아하게 날아가서
내님에게 폼잡으면
내게홀딱 반하련가

참여마당

철쭉

2021. 04. 17. 토.

돌담사이 수줍음에
살짝살짝 미소띠니
봄처녀들 설레임에
붉게붉게 물이드네

붉은철쭉 분홍철쭉
홍조비단 철쭉금침
사랑놀이 환상인데
할말없어 그림의떡

백옥피부 하얀철쭉
건드려도 떠질듯이
야들야들 흔들흔들
꽃의율동 꽃맛이야

행복이란 벌거아냐
아름다운 꽃밭에서
꽃과함께 나빌레라
내님찾아 날자꾸나

영축산

2021. 04. 18. 일.

연초록의 싱그러움
봄의선물 젊음청춘
속세떠난 산꾼들만
회춘의맛 물씬물씬

선녀탕이 퐁당퐁당
나무꾼의 방아소리
하늘선녀 깔깔웃음
맑은샘물 퐁퐁졸졸

와송자태 오묘하고
외송뻐침 골기충만
하늘땅이 음양이라
삼형제봉 천장지구

뭐꼬화두 도를닦다
각시굴이 오리무중
영축산의 불경소리
비움속에 길있다네

와송(臥松)

2021. 04. 18. 일.

모진풍파 못이겨서
돌바닥을 기고자라
절벽끝에 머리들어
양반영감 게으른폼

많고많은 소나무중
등산객이 보러오는
와송인기 놀라워라
오래살고 볼일이네

말잘들어 곧게자란
소나무가 불쌍쿠나
베어가려 리본장식
죽음앞에 몸을떠네

자유언행 책임다한
와송의길 다른성공
뿌리깊이 자기관리
한오백년 훈풍부네

봄이가요

2021. 04. 19. 월.

봄이간다 봄이가요
또이렇게 봄이가요
못다피운 사랑꽃에
꽃샘바람 몰아가네

봄날향기 가는것을
애처로워 울지마소
좋은미래 오는거요
미래맞이 잔치여소

꽃이피어 사랑하고
꽃이지며 열매맺고
정성드려 키워가는
희망에찬 미래준비

가는것은 오는거야
멋진자신 오는미래
간다라고 울지말고
어서오라 환영하세

참여마당

새순

2021. 04. 20. 화.

온몸뚱이 돌돌말아
숨죽이고 겨울넘긴
연초록의 새순들이
팝핑하며 솟구친다

자유향한 기지개로
생명빛을 발산하며
폭풍성장 혈기왕성
온천지가 싱그럽네

자유날개 새싹순들
미래위해 쑥쑥성장
가족애를 발휘하며
후세위한 자유책임

인간탄생 뒷바라지
가족애는 어디가고
책임없는 자유행동
나무들이 웃고있네

꿈

2021. 04. 21. 수.

너른들판 넓은바다
해가뜰때 꿈속세상
해가질땐 꿈을품는
그런날이 소원였어

님과함께 꽃놀이를
훨훨날아 사랑비행
맛깔나는 산해진미
대자연에 꿈을꾸네

벌과나비 함께놀며
산과들을 걸으면서
산새소리 물소리에
낭만꿈을 찾아가네

당신에게 풍덩빠져
영원토록 꽃피워줄
사랑향에 취해드니
호접몽의 일장춘몽

참여마당

버스풍경

2021. 04. 21. 수.

째즈엔진 흔들버스
손수레에 보따리에
어디들을 가시나요
꽃얼굴이 춤을추네

핸드폰에 목을빼고
책을읽는 옛풍경은
고전되어 이별하니
버스풍경 흔들리네

마스크에 입을막고
창문열어 환기하고
경음악의 멜로버스
도를닦는 수행처네

남녀노소 구분없이
기쁨실은 흔들버스
살맛들이 믹서되며
또하루에 행복건배

연등

2021. 04. 21. 수.

금빛찬란 오색물결
파란하늘 지워가니
부처님이 오신날이
얼마남지 않았구나

청사초롱 방생연등
연등불도 현대감각
전통연등 어디설꼬
무생물도 변화하네

금샘에서 모셔왔나
물고기등 이채로워
사람눈이 높아졌나
속세물에 파계했나

말없이 살다가라고
설법하며 중생구제
화려함을 뽐낸연등
돈은두고 가라하네

참여마당

돈

2021. 04. 22. 목.

자본주의 일상생활
가장기본 돈인데도
돈이전부 아니라며
터부시해 심적혼란

많은지식 돈을주고
구매해서 활용해도
지식으로 지식구매
어느정도 가능할까

머리좋고 돈이없는
옛사람들 옛이야기
돈이전부 아니라며
학식핑계 넋두리네

유전무죄 무전유죄
유권무죄 무권유죄
쩐과권력 쌍권총은
천상천하 최고무기

참여마당

님이시여

2021. 04. 23. 금.

봄이라서 봄이오나
님이와서 봄이오나
님과봄이 함께해서
봄이란놈 봄같구나

봄이라서 꽃이피나
님이와서 꽃이피나
봄과님이 함께있어
꽃이란놈 꽃같구나

봄이라서 봄비오나
님이와서 봄비오나
봄과님이 함께하니
봄비란놈 비같구나

봄이와서 예쁜세상
님이있어 예쁜세상
님과봄이 함께하니
예쁜님봄 내사랑야

참여마당

산행

2021. 04. 24. 토.

올라가면 내려올산
머할라꼬 산행하요
산에 꿀발라놓았소
허구헌날 산행이요

한뼘야산 숲에빠져
죽자사자 산행하고
죽겠단말 달고살며
사돈남말 하고있네

산행하고 내려오면
한뼘야산 손흔들며
웃음꽃이 활짝피고
아침밥상 달라지네

산을보고 내가웃고
한뼘야산 나를보고
웃어주는 산행맛에
산과산을 오른다네

금정산

2021. 04. 25. 일.

꽃샘바람 갈비뼈를
튕겨오니 아아으으
재밋다고 쌩쌩윙윙
화음으로 열올리네

바람잠든 명당바위
하늘릿지 연초록에
청룡물길 김해평야
금관가야 숨결있네

오염금샘 금어붕어
까마귀의 식수전락
악마들이 따로없고
사람들이 마귀악마

무명릿지 암벽하산
회동댐은 용이나는
전망최고 감탄연발
산행행복 발품이네

보름달

2021. 04. 26. 월.

둥근달 창문두드려
누구냐고 물었더니
보름달도 모르냐고
웃으면서 놀자하네

밝고예쁜 보름달아
옛동거울 동안미인
밤의요정 미인선발
미의기준 너였구나

달도밝고 날도청명
미국소식 비춰보니
오스카 여우조연상
대한민국 반짝반짝

보름달아 보름달아
세상에서 최고미인
누구일까 보고싶어
예쁜님이 활짝웃네

크로바

2021. 04. 27. 화.

크로바꽃 구름봉봉
아기걸음 아장아장
잔디밭의 골칫거리
동일세상 다른모습

나폴레옹 살려내서
행운의 네잎크로바
몽글몽글 복슬복슬
행복의 세잎크로바

보는눈이 맑은것은
맑은생각 맑은행동
너는나를 어찌보나
나는너를 어찌보나

세잎이든 네잎이든
크로바를 본다는건
행운행복 볼수있어
바로그눈 보배로다

꽃사과

2021. 04. 28. 수.

하얀꽃이 몽실몽실
늦은봄을 마중하며
꽃샘추위 피해살짝
시간선택 숨은재주

꽃축제의 꽃잎안녕
암수술이 더듬이로
지저분함 얼기설기
벌레들아 접근금지

콩알열매 영글으니
암수술도 떨어지며
열매모양 완벽자태
깔끔하니 안중맞네

꽃사과도 자기새끼
금지옥엽 보살피며
좋은인자 물려주려
불철주야 바쁘구나

게으른시간

2021. 04. 29. 목.

해조차도 늦잠자서
뿌연하늘 고요하고
자명종도 숨죽여서
기지개켜고 발라당

바닷물도 한량한량
갈매기는 활공비행
새벽등대 껌뻑껌뻑
나무들은 새끈새끈

단조로움 지겨운지
두루미는 꽥꽥대고
시계추로 바쁜사람
날씨잊고 깨어있네

비가오나 난리나도
동일시간 흐름속에
인생여행 추억쌓기
한잔술의 웃음소재

깨소금

2021. 04. 30. 금.

싱겁기가 짝이없어
소금치자 소금을쳐
간맞아도 물먹어서
싱겁구나 또싱거워

싱겁다는 웃음개그
굵은소금 치는농담
깨소금을 만들어서
꼬신맛을 살리라네

내가꼬신 님이신가
님이꼬신 나인가요
서로꼬신 깨소금에
간도맞고 꼬숩구나

꼬시겼나 꼬시였나
꼬신것은 꼬신거야
니가맞나 내가맞나
꼬신맛에 꼬신향기

참여마당

CONTENTS

월

노동상품

2021. 05. 01. 토.

생산위한 삼요소는
토지노동자본 이라
일차산업 토지활동
자가노동 자가생산

이차산업 공장생산
노동시간 상품화로
토지잃은 노동활동
고용없음 생활궁핍

일차산업 자가토지
생산활동 무덤까지
이차산업 고용활동
일끊기면 돈의악몽

삼차산업 서비스업
사차산업 아이디어
자가노동 프로화로
자본확장 노후롱런

참여마당

황매산

2021. 05. 02. 일.

바위암봉 연꽃위에
황포돗대 바람받아
노를저어 항해하며
청명원색 축복이네

철쭉군락 붉은광장
인산인해 칼러관중
자연사람 붉게타며
황매정상 천상의길

몽고평원 원색하늘
철쭉위로 사람꽃들
황매정상 변화무쌍
합천호에 용이사네

순결바위 자체오염
영암약수 심신여유
올수있어 행복하고
갈수있어 축복이네

줄타기

2021. 05. 03. 월.

외줄타고 날고날자
유격대들 헬기레펠
서커스의 외줄타기
부러울게 하나없네

바람까불 요람그네
파란하늘 연초록에
애벌레들 꿈을꾸며
신이나서 줄을타네

소림사의 소림권법
애벌레의 줄타기를
통과할수 있으려나
등산객들 유연하네

봄날의쇼 줄타기에
봄이가고 여름오면
애벌레들 나비되어
훨훨날아 카사노바

장미

2021. 05. 04. 화.

붉은정열 붉은입술
봄바람에 살랑여서
홀딱반해 다가서니
가시들이 찔러삐네

장미꽃들 화산폭발
장미꽃잎 용암수로
불꽃담은 장미향수
사랑노래 끝이없네

장미화원 장미축제
아름다운 장미들이
앞다투어 멋을내도
최고장미 님이시네

많고많은 장미사연
온갖종류 장미꽃들
유혹하고 유혹해도
최고사랑 님이시네

공허

2021. 05. 05. 수.

지랄바람 따뜻태양
춥고덥고 이중날씨
공허함이 밀려오며
심신균형 흔들리네

성지곡에 빠진하늘
빛이없는 잔영물결
싱그러운 초록빛이
흐리멍텅 빛을잃네

몰아치는 미친바람
나무들은 광란의춤
자질구레 단타펀치
머릿속은 모래번지

잔잔호수 돌을던져
파장일어 흔들리듯
일체유심조 외침도
찔러대니 공허하네

참여마당

시간

2021. 05. 06. 목.

시간이약 시간이약
부채질로 날리지만
지남철로 달라붙어
갈생각을 아니하네

시간이약 시간이약
새끼줄로 꽁꽁묶고
창고에다 가두어도
어느순간 가버렸네

시간이약 시간이약
가랄때는 아니가고
잡을때는 후딱가고
지멋대로 행동하네

시간이약 시간이약
사건들의 시간악몽
자유시간 빈허공만
시간위에 시간한탄

참여마당

사랑묘약

2021. 05. 07. 금.

꽃이피면 꽃핀만큼
단풍들면 단풍만큼
갈비뼈가 어긋났나
맘한구석 허허하네

하트날고 하트웃음
사랑구름 뭉게뭉게
환상속에 그려지며
꿈속사랑 황홀하네

사랑시간 묶어두고
사랑속에 가둔시간
안가는줄 알았는데
꿈을깨니 아니벌써

사랑묘약 난감하게
있다해도 없는거고
없다해도 있는거니
달콤하며 허전하네

참여마당

야성

2021. 05. 08. 토.

모래사막 모래폭풍
휑한가슴 알란가나
사랑없이 지샌나날
바늘끝이 무뎌졌네

마주잡은 두손에서
사랑속에 사랑비어
사랑갈증 목이타며
하늘보고 한숨쉬네

전주곡을 울려보자
피아노와 플루트로
분위기를 고조시켜
광시곡 크라이막스

선율위의 무수한별
쏟아지는 환희속에
사랑이란 이런가요
시간이여 멈추소서

참여마당

천성산2봉

2021. 05. 09. 일.

은쟁반에 그림호수
하늘담은 옥류계곡
천상선녀 놀이터라
선삼보약 감칠맛야

초록바다 봄이물씬
오라보라 대자연꽃
바위왕관 천성산은
바로너가 천인성인

낙엽늪에 길이어디
절단나무 길을막고
길없는길 길찾는데
다람쥐가 도를아네

심심유곡 산들바람
졸졸퐁퐁 세심소리
멍때리며 앉아쉬니
무릉도원 따로없네

참여마당

태화강

2021. 05. 10. 월.

기차타고 날아보면
초록물결 평온봄날
맘이절로 싱그러워
두팔벌려 자연품네

홍얼홍얼 콧노래에
사는것이 걷는거야
걷다보면 풀려가고
사는맛이 새록새록

십리대밭 흔들흔들
양귀비꽃 애교떨고
작약꽃의 화관기생
존재하니 보고걷네

내발걸음 닿는곳이
무릉도원 최고경지
이런저런 핑계거리
요단강을 재촉하네

옛이야기

2021. 05. 11. 화.

눈물젖은 빵보다도
똥꼬찌저졌던 가난
이악물고 죽기살기
일에취한 대한민국

괴로움을 맛보면서
고난극복 감미로움
난관앞에 굴복않고
넘어설때 인생참맛

깡보리밥 도시락에
기름소금 민망반찬
수도꼭지 빨던설움
살만하니 추억이네

침략당한 과거역사
잃어버림 또당하니
상대보다 세배이상
잘살면서 과학일류

참여마당

장미

2021. 05. 12. 수.

붉은장미 붉은꽃잎
감칠맛의 미인곡선
한겹한겹 혼을빼며
한방울의 생명수톡

신비로운 장미생수
고결순수 지키려고
가시줄기 길을막고
톡톡쏘며 접근금지

장미가시 찔러대도
생명수를 음미하며
닫힌입술 열어가니
늦게왔다 앙탈이네

붉은장미 붉은꽃잎
활화산의 불꽃정열
단풍장작 불쏘시개
절정의 카타르시스

참여마당

바다

2021. 05. 13. 목.

야바다다 바다로다
파란물결 넘실대는
파란하늘 파란바다
수평선에 활공비행

새가되고 구름되어
사람들이 날아오게
고고춤과 수직하강
신이나게 훨훨날자

하얀파도 잡아타고
시소놀이 홍겹구나
모래밭에 밀려가서
내님이름 적어야지

온갖사연 반짝이는
백사장에 드러누워
천진난만 어느땐가
팔다리를 접고펴네

참여마당

오욕칠정(五慾七情)

2021. 05. 13. 목.

인간욕심 끝이없어
끝없는길 끝을놓고
낭만인생 사는것이
왜이렇게 어렵나요

자연으로 살라치면
침략당해 노예전락
유전유권 알아가면
행복불행 종울리네

젊었을때 욕심없음
자아발전 저해하고
욕심갖고 살다보면
오욕칠정 고통상승

철이들며 오욕칠정
줄여가면 허허공공
산다는게 그런거지
풀피리의 유유자적

해운대

2021. 05. 13. 목.

하늘한번 쳐다보소
파란하늘 솜털구름
닫힌마음 시원하게
뻥뚫리며 싱그럽네

배낭매고 떠도는길
자연으로 동화되니
그냥그냥 평화롭고
가는길이 낭만향기

꽃이피고 나비날아
맑은물이 노래하니
걷는것이 흥겨우며
사는맛이 이맛인가

꽃보다도 아름다운
사람들의 화색속에
분향기에 취해버려
긴의자에 쉼을하네

참여마당

바보합창

2021. 05. 14. 금.

신이시여 살피소서
사후세계 천당살게
빌고빌어 저승가니
천당별이 황량하네

나쁜놈아 천벌받아
지옥에나 떨어져라
요단강을 건너가니
태양신께 제물되네

천당별과 지옥별이
우주속에 존재하며
별중에서 최고별은
지구이고 극락이네

하늘나라 선녀들이
소풍오고 목욕오는
지구에서 살면서도
천당찾는 바보합창

호수와 바다

2021. 05. 15. 토.

물안개피는 호숫가
낭만적인 감미로움
돌하나가 던져지니
파장일며 가슴앓이

폭풍우와 거친파도
광활하며 강한바다
돌하나를 던져본들
의미없이 사라지네

온실삶은 돌하나에
강한충격 삶의고뇌
단련삶은 돌하나가
던져져도 일상이네

세상살이 복잡다난
애간장을 태워가는
극한상황 극복능력
경험다양 현명대처

참여마당

물방울

2021. 05. 16. 일.

빗소리에 신들렸나
자연스레 끌려나가
빗방울의 감미로운
합중주에 눈을감네

나뭇잎에 맺힌보석
물방울에 담겨있는
영롱하고 맑은세상
물꾸러미 영혼이탈

고운세상 가득안고
방울방울 떨어지며
세상시름 씻어가니
베품이란 이런거야

맑고밝은 세상꽃을
피워주는 비를보고
오지마라 기도하다
안내리면 기우제라

꿈

2021. 05. 17. 월.

꿈을갖고 사시나요
꿈을먹고 사시나요
어떤꿈을 꾸시나요
꿈은 인생의희망봉

외롭거나 힘들어도
꿈이있어 극복하고
삶의길이 윤택하니
꿈은 인생의빛줄기

거창하지 아니해도
인생여정 방향설정
한발한발 동행하니
꿈은 인생의동반자

허허벌판 모래사막
버려져서 홀로되도
꿈이있어 길찾으니
꿈은 인생의나침판

참여마당

총량법칙(상대성)

2021. 05. 18. 화.

풍선효과 파이배분
세상사는 총량법칙
내자신도 총량법칙
과부족의 총량법칙

천재만큼 둔재있고
천재고독 둔재자유
바쁜시간 느린시간
상대성의 총량법칙

나의부족 상대충만
상대부족 나의충만
서로서로 부족넘침
채우려는 활동총량

나의빈곤 상대부자
내게으름 상대이익
땀흘릴때 부채바람
이익손해 총량법칙

참여마당

부처님오신날

2021. 05. 19. 수.

잡념들을 날려보니
잡생각이 날아오고
엉켜붙은 실타래가
혼란함을 대표하네

버리라고 말하지만
어디그게 쉬운가요
버린만큼 채워지니
내맘속에 부처없네

생각꼬리 물고물어
잡생각이 찰라순간
천재생각 먹거리로
신의한수 신의선물

버린다고 버려지나
좋은방향 잡생각들
리듬타며 웃다보면
내맘속에 부처있네

참여마당

유비무환

2021. 05. 20. 목.

반목되는 역사속에
과거모름 당한다며
많은글과 많은사실
이익앞에 의미상실

침략당해 깨지고도
사후약방문도 없이
조둥이만 나불대며
이익앞에 국가없네

왕과신하 명분싸움
백성피를 빨아대며
자주국방 허울뿐인
국가국민 풍전등화

광개토왕 확장정책
을지문덕 살수대첩
강감찬의 귀주대첩
유비무환 무적였네

어설픈 천재

2021. 05. 21. 금.

대화상대 어디있나
대화한들 대화되나
지식배출 없다보니
철창없는 자기감옥

천재리그 못가면은
천재보통 한울타리
천재아집 고립무원
알수없는 이상행동

혈기왕성 전설천재
이용당해 요절의길
개구리의 웅크린뜻
못찾으면 세상이별

인간들은 자기보다
잘난놈을 싫어하니
질시대상 제거대상
어설픈천재 돌겠네

참여마당

발전동력

2021. 05. 22. 토.

남자권력 여성섹스
여성섹스 남성권력
남녀간의 물물교환
전쟁전설 문무발전

여자앙탈 남자기술
남자기술 여자웃음
달빛아래 탐색교환
해가뜨면 건설활동

여자입맛 남자활력
남자활력 여자입맛
상대위한 좋은것들
끊임없이 개발하네

여자들은 멸치뼉고
남자들은 황태타작
요구조건 불만족에
앙숙되며 다른변화

참여마당

작은가야산

2021. 05. 23. 일.

바람조차 숨어버린
숲속길에 후덜후덜
줄도끊긴 바위하늘
구름쉬며 감탄하네

바위들의 곡예능선
줄을타며 행복하고
기암괴석 잘난체라
맞장뜨며 멋부리네

독수리의 밥이되고
선바위를 밀어보고
주먹치며 잘왔다며
작은가야산 정상쪽

삼라만상 축복길에
스트레스 하산하고
선녀탕서 세심하며
벗이있어 멋진산행

참여마당

여유와 쪼달림

2021. 05. 24. 월.

여유롭게 유유자적
희망가를 부르면서
왠지모를 쪼들림에
배부른소리 한다네

귀가얇아 상대빈곤
좋은조언 귀를닫고
돈을쫓다 돈에쫓겨
화병얻어 쪼달리네

일확천금 패망의길
삶의기준 계획실천
은퇴후의 노후생활
마음여유 행동여유

돈많아도 쪼들림은
돈쓸줄모른 구두쇠
자연벗과 한잔여유
무념무상 낭만있네

유치찬란

2021. 05. 25. 화.

감미로운 봄바람에
눈을감고 잠이들면
님의모습 그려지며
입가에선 엷은미소

그늘아래 자리깔고
파란하늘 바라보면
흰구름이 님의얼굴
두팔벌려 허적이네

바닷가의 모래밭에
님의이름 적어가면
파도와서 지워가니
야단치며 마구밟네

사랑이란 그런거야
유치찬란 톡톡튀며
환상의꿈 가슴앓이
품고사는 행복이야

사랑

2021. 05. 26. 수.

사랑감정 노래따라
막연하게 흥얼대며
그런사랑 없을거라
웃고부른 사랑노래

가을바람 시간여행
어느순간 무관심이
하나하나 사랑으로
돌변하는 사랑노래

꿈이련가 의심하며
사랑이란 이런건가
알수없는 그리운님
찾고찾는 사랑노래

언제든지 그리운님
불러보고 불러보며
품에간직 그리면서
내사랑에 사랑노래

액땜 · 운명

2021. 05. 26. 수.

이상하게 머가찜찜
선행일도 꼬여삐고
안할려고 애를써도
어찌어찌 현장이네

이런저런 안좋은일
살짝살짝 쿵쿵콩콩
액땜운명 팔자소관
넘어가도 꼬여드네

일상선택 갈등갈등
신경끄고 두문불출
그래해도 엮이면서
머릿속만 복잡다난

운명인가 액땜인가
회피하며 잊으려도
사소한일 꼬리물려
도닦는게 도가아냐

참여마당

재약산폭포

2021. 05. 27. 목.

나비들이 나플나플
꽃과함께 즐겨노는
환상세계 못즐기면
도를안다 할수있나

물방울이 무지개로
구름다리 이어가서
학암폭포 학을타고
선경구경 신이나네

기암절벽 깊은계곡
층층폭포 흑룡폭포
선녀없는 선녀탕에
나무꾼이 땀식히네

삶자체가 극락인데
극락천당 가보려고
꿀방갇혀 빌고비니
코로나로 지옥이네

미래 · 현재 · 과거

2021. 05. 28. 금.

과거는 부산물이요
현재는 생산품이고
미래는 신먹거리니
과거보다 미래보라

과거회상 시간여행
늙었음을 표현하고
과거시간 얽매여서
자기발전 매장하네

현재시간 행복한건
최선다한 보상이며
불안없는 미래시간
편한마음 여유라네

미래시간 현재될때
현재보다 좋은날의
신먹거리 펼쳐짐은
과현미의 합심결과

연 · 절

2021. 05. 29. 토.

떠났다네 떠나갔네
정다운벗 떠나갔네
하늘나라 신세계서
행복하게 살다오게

하늘친구 방문해서
한잔술을 올려두고
추억들을 소환하니
푸른하늘 웃으라네

파랑새가 지저귀는
새삶터전 새벗들과
적응하며 살다오게
웃으면서 회자정리

그리움이 사무치면
서러움이 빗물되어
서로삶이 적응불가
그냥안녕 잘살아라

당과전쟁

2021. 05. 30. 일.

싸워서 이기자이겨
당군사를 물리치자
양만춘의 승리깃발
길이길이 빛이나네

당군들이 즐비해도
물러서면 악몽이니
일기당천 백전불퇴
당의공격 박살내자

스파이의 감언이설
미인계의 내부분열
지고나면 식민지야
어짜든지 심신강화

돼지감자 여주차등
췌장강화 복부운동
땀흘리며 당을빼자
심신건강 행복이야

결혼풍속

2021. 05. 31. 월.

족두리와 연지곤지
사모관대 기러기쌍
표주박에 합한주로
문창호지 구멍뚫기

멋진양복 드레스에
주례선생 혼인서약
신혼여행 출발전에
얄구진일 깔깔댓네

여남역전 문서예물
양가부모 덕담속에
우인들의 축하행사
삐까뻔쩍 뷔페음식

결혼풍습 편리홍미
손맛가고 대체손맛
하객들도 활동복장
소비자본 풍속변화

참여마당

CONTENTS

6 월

반반법칙

2021. 06. 01. 화.

세상만사 반반법칙
옳고그름 자본철학
대립하며 과반싸움
끌고가고 끌려가네

오늘의신 내일귀신
오늘악마 내일친구
신과악마 상황따라
변화하며 반반법칙

재산다소 궁핍여유
지식속의 지식결핍
동일해도 남의떡커
이익손실 반반법칙

내맘속도 반반법칙
긍정부정 포기선택
오고가는 내부갈등
좋은방향 우보천리

참여마당

춘추시대

2021. 06. 02. 水.

동주때의 춘추시대
분구필합 합구필분
영웅탄생 사상탄생
화려한꽃 영원불멸

전쟁이란 나쁘지만
승리위한 발전동력
통치화폐 무기작물
제자백가 만개하네

사람들의 권력투쟁
생활속의 권모술수
고사성어 품은야그
그시대도 현시대네

춘추시대 옛이야기
알면서도 시행착오
마음속은 춘추전쟁
승패갈등 쉴날없네

친구야

2021. 06. 03. 목.

힐링숲속 고요한길
멋진벗들 雨談謎論
빗방울도 같이놀자
토도독톡 장난치네

수원지에 물고기들
경청하다 어프어프
까마귀도 까악까악
자연벗들 정겹구나

글속에서 배움보다
톡방에서 음유시인
역사지인 필화만인
삶의맛이 그런거지

코로나로 한잔술이
없다해도 입담한술
감칠맛이 치매예방
그냥그냥 신명나네

참여마당

풍경

2021. 06. 03. 목.

안개구름 자욱한데
절끝처마 풍경하나
백팔번뇌 흔적없이
미동않고 고고하네

깊은산사 연등졸며
부처님도 주무시니
풍경소리 은은하게
맑은정신 전해주네

분주함을 떨어내고
숲속나무 즐거우니
덩달아서 딸랑딸랑
즐거움도 부처라네

바람소리 요란해도
풍경소리 은은하게
평온설법 마음안정
풍경속에 부처있네

동서양

2021. 06. 04. 금.

히말라야 텐진산맥
동서문명 양분되어
동양대지 서양해양
고대문명 발전터전

춘추전국 혼란시기
제자백가 사상폭발
통일왕권 사회안정
문화예술 꽃피우네

지중해의 폴리스들
공화정에 해안성벽
통일로마 대형건축
모든길은 로마라네

중소국가 사분오열
전쟁승리 사상인재
통일제국 업적위해
건축예술 문화인재

참여마당

역사기록

2021. 06. 06. 일.

역사기록 승자기록
패자문화 말살해야
승리자의 위대함이
권위있고 위엄있네

역사란건 인간기록
평범하면 흔적없고
특이하고 상징적인
인물들이 역사라네

비석글과 건축문화
패자역사 전해주니
대형건축 예술품들
정권업적 세계유산

세습왕권 외척환관
왕권독재 환란암투
국가패망 노예전락
승자잔치 원인제공

구만산

2021. 06. 07. 월.

임진왜란 한서린골
구만명이 숨어산골
방방곡곡 왜적흔적
눈시울이 붉어진다

유교예절 궁핍예절
백성들을 핍박하며
외세침입 대응못한
멍충관료 산출유교

구만계곡 바위절벽
위풍당당 기세등등
구만폭포 구만눈물
서럼없는 세상외침

구만동굴 인공동굴
별창으로 세상구경
궁하면은 통한건지
사람손이 창작예술

참여마당

도교·유교

2021. 06. 08. 화.

도교유교 정치사상
중국에서 생산되어
한국에서 빛을발휘
한국백성 고달팠네

기마민족 징기스칸
무사칼날 왜놈해적
무식한놈 세계정복
침략당한 도교유교

로마시대 전쟁전쟁
쌈잘하고 운좋은놈
지중해를 장악하고
건축예술 세계유산

조선왕조 유교정치
멍청관료 산실의장
보신주의 집안싸움
백성울음 폭포수네

코로나백신(AZ)

2021. 06. 09. 수.

코로나백신 따아끔
면역강화 활동자유
돼지카레 통증감소
잘먹어야 아군지원

약한몸살 몸이묵직
전기감전 혈전인가
맹물먹고 빼내면서
몸굴리며 원기회복

잊는것이 상책이야
책과걷기 몸풀기로
컨디션이 살아나도
사흘정도 안정유지

위협확률 극히미비
안전확률 우선생각
신속하게 백신맞아
삶의질을 높여가자

발전

2021. 06. 10. 목.

배고프면 독기발전
배부르면 느슨하게
군림하며 안하무인
경쟁자에 빛을잃네

분열하면 승리위한
갖은방법 발전동력
통합되면 신하들의
정비명목 착복발전

부자세력 왕권도전
불만세력 왕권폐위
근친세력 왕권암살
혼란속에 퇴보발전

송양지인 비수전투
아드리아노플 전투
사령관의 멍청지휘
패퇴하며 신흥발전

비오는 날

2021. 06. 11. 금.

주루루룩 뿌려가는
안개비를 따라가며
그리운님 기다릴까
무지개를 쓰고가네

빗방울의 멜로디와
새소리를 들어보렴
비의선물 환상적인
하모니의 사랑노래

찻잔으로 전해오는
따뜻함을 나누면서
즐거움을 함께나눌
꿈의시간 그리워라

촉촉하게 적셔오는
김서린창 기대어서
님그리며 사랑하트
빈하늘을 바라보네

참여마당

안개

2021. 06. 12. 토.

산줄기를 야금야금
삼켜가는 안개구름
솜사탕의 단향기를
흩날리며 유혹하네

운우지정 사랑눈물
온누리에 뿌려가니
꽃잎들도 시샘하며
입을닫고 숨죽이네

열정순간 높은빌딩
안개모자 씌워놓고
숲속으로 들락날락
숨쉴틈도 주지않네

안개꽃의 사랑빗물
싱그럽고 푸른보석
초롱초롱 생기발랄
운우사랑 결실이네

꽃의 전쟁

2021. 06. 13. 일.

빨강노랑 주황파랑
꽃의색상 화려하고
꽃모양도 다양하게
피고지는 예술의혼

작은봄꽃 물량공세
여름꽃은 겹꽃색상
혼을빼는 꽃들유혹
벌과나비 정신없네

유별나고 특이한꽃
벌과나비 저리가라
꽃과새가 꽃과나방
맞춤짝의 영원사랑

식물들도 고군분투
제철아닌 시기에도
꽃을피워 환경탐색
미래위해 최적진화

달리기

2021. 06. 14. 월.

체중관리 수행의길
산을타고 걷기하고
훌라해도 뱃살통통
당군들은 세력확장

달리기로 당군약화
동백섬을 돌고도니
젊은이들 휭휭쑥쑥
오늘할일 땀빼기야

바닷바람 시원하고
짭짤한맛 음미하며
십킬로를 완성하니
땀이줄줄 기분상쾌

동백섬의 바다욕탕
물이맑고 몸이개운
하늘아래 세상구경
그래이게 상팔자네

주지육림(포락지형)

2021. 06. 15. 화.

왕이되고 왕만들자
무소불위 권력이짱
후궁꽃도 만발해서
술맛나는 무릉도원

왕과왕자 왕과신하
칼날춤이 비일비재
매일밤꿈 가위눌림
죽기전에 주지육림

잘하려고 국력안정
이권배신 암살독살
원로대신 충언감언
골치아파 주지육림

죽어나도 갖고싶은
왕권욕심 불나방들
스트레스 미쳐가며
주지육림 포락지형

참여마당

뱃고동소리

2021. 06. 16. 수.

골목길 돌아설때면
어느집에 구걸하나
한푼줍쇼 한푼줍쇼
땡전한잎 노쇼라네

빈공원을 돌아보며
비둘기들 부러워라
뱃속에서 꼬르르륵
뱃고동소리 처량해

빗소리가 낭만인가
창가에 기대어서서
부르는 노랫소리에
목이메며 눈물뚝뚝

하루하루 연명하기
왜이렇게 힘든가요
빗방울을 마셔가며
뱃고동의 한푼줍쇼

태양햇살

2021. 06. 17. 목.

태양일출 희망찬가
잠자는꿈 불지피며
두손불끈 각오다짐
찬란한빛 스며드네

강한햇살 폭염팍팍
그늘대피 짜증왕창
그놈햇살 밥맛없어
한량들의 부채놀이

한낮더위 햇살작렬
작물들이 탱글탱글
둥근햇살 반기면서
농부얼굴 결실웃음

사람들은 이익따라
좋은햇살 나쁜햇살
내탓아닌 네탓이고
오늘적이 내일아군

참여마당

만주족(도서)

2021. 06. 18. 금.

여진거란 몽고유목
송화강과 우수리강
흑룡강에 흩어져서
한가롭게 부락형성

힘이있고 진취적인
동네대장 우두머리
부락흡수 세력싸움
야망큰자 국가표명

누루하지 금을세워
사르후전투 머리로
승리하고 만주평정
명조선에 조공받네

홍타이지 국토확장
다민족들 융합정책
야심가는 전진하고
소심가는 집안행패

장사(소매사업)

2021. 06. 19. 토.

사람들의 필요물품
연결하는 장사업이
우리삶의 교두보로
미래산업 성장동력

신시장을 읽을능력
만들능력 성장능력
신흥입맛 첨단위치
장사업은 미래선도

공업기술 과학기술
상업기술 상부상조
기술강국 장사강국
세계재패 교두보네

취직에만 몰두말고
소매장사 시장선도
세계시장 석권의꿈
야망에찬 젊은이여

참여마당

기차산(장군봉)

2021. 06. 20. 일.

바위암벽 다닥다닥
사람열차 칙칙폭폭
하늘나라 달려가는
기차산이 장군봉야

해골바위 물마시면
원효대사 만나려나
구멍으로 빨려드니
번개번쩍 혹이났네

금남정맥 암봉능선
다양동물 신의걸작
즐기면서 쉬어가라
장군봉의 산들바람

운일암반일암 계곡
첩천산중 선녀탕은
마을주민 식수원천
선삼보약 기올리네

하지

2021. 06. 21. 월.

일년중에 최고긴낮
길고짧음 전환시점
북극종일 태양반짝
남극종일 태양없네

태양볕이 작렬하여
창밖보는 마음마저
움츠리며 절래절래
발걸음을 묶어두네

강한햇살 성장의빛
먹거리는 익어가고
동식물들 쑥쑥크니
하지햇살 고맙구나

태양남하 시작되며
밤시간이 늘어나고
밤꽃야화 붉게피니
새역사가 꿈틀대네

참여마당

내부분열

2021. 06. 22. 화.

잘나가다 박살나는
원인보면 내부분열
미인계와 이간질등
이권다툼 분열조장

아버지의 위대업적
자식들이 분열하여
집안몰락 패가망신
합의해도 남의떡커

국가들도 상대국가
내부분열 박수치며
니편내편 편가르고
조장해서 이익보네

욕심들이 화근이라
내려두라 말하지만
가지려는 욕심욕망
천하통일 대업달성

참여마당

동백섬

2021. 06. 23. 수.

파도소리 철썩쏴아
사랑노래 퍼져가고
사랑놀이 들고나니
사랑무드 홍에겹네

고고한학 하늘날며
꿈을꾸는 날개짓에
넘실대는 파도너울
울렁대는 사랑음율

하얀파도 가르면서
신이나게 달려가며
사랑바람 가득안고
사랑불꽃 피워가네

밀려가고 밀려오는
사랑노래 홍얼대며
아침햇살 저녁노을
동백섬은 사랑의섬

낚시1

2021. 06. 24. 목.

한려수도 해상공원
올망졸망 섬들고향
갈매기들 끼룩끼룩
저녁해는 저물구나

집을나간 고깃배들
엄마품에 찾아들고
바닷새도 둥지날때
고양이들 바빠지네

맑은물에 실망하며
낚시바늘 던져보니
전갱이들 손맛줘도
낚시맛이 그저그래

가로등도 졸고있는
불빛아래 회를치며
보름달에 님그리며
님을담아 소주한잔

낚시2

2021. 06. 25. 금.

여름일출 찬란순간
그늘구멍 찾아들어
전갱이를 다듬으며
고양이도 한입주네

바닷물이 차오르며
고동들도 따라올라
살아가는 현상보며
생명체란 신비하네

섬사람들 정감인사
도시냄새 안보이다
팬션들이 즐비하니
도시냄새 물씬나네

물고기를 잡기위해
많은짐과 해풍습기
이겨내며 밤밝히는
낚시꾼들 대단하네

참여마당

여름날

2021. 06. 26. 토.

여름날의 강한태양
비타민디 생성높아
부지런히 걸으면서
피부탈까 걱정이네

붉고노란 강열원색
여름날의 불꽃사랑
예전엔 파스텔톤꽃
사랑감홍 한들한들

싱그러운 나뭇잎들
살랑살랑 꼬리치고
큰까치꽃 수줍움의
하얀미소 발길잡네

한가하게 바람안고
긴의자에 앉아쉬는
남녀노소 부러워서
그늘아래 펴져보네

문복산

2021. 06. 27. 일.

좋은날을 만들면은
행복시간 따라오니
계살피골 무릉도원
땀흘리며 찾아드네

청아계곡 암반평원
담과소에 담긴하늘
선녀들도 비경에서
탄복하며 놀았으리

깔딱경사 숨이찰때
산들바람 고마워요
영알프스 산봉군무
문복산의 숨은비경

선녀대신 풍덩풍덩
폭포수에 심신수련
잘살려고 노력해서
재미있게 사는거야

참여마당

해운대

2021. 06. 28. 월.

아침운동 나서면은
아침해는 눈비비고
젊은바람 산들산들
나리꽃이 미소살짝

다양한옷 건강몸매
걸어가고 달려가고
모여모여 단체율동
사는맛이 운동이야

몸이살면 재미나고
몸이가면 고통이니
신이나게 아침운동
나서보니 사랑있네

가고싶고 하고싶은
세상맛의 깊은맛은
건강맛에 우러나고
사랑맛은 덤이라네

여름

2021. 06. 29. 화.

여름은 신나는계절
바닷물에 풍덩풍덩
팔풍차로 수영하며
몸을태워 꽃부르네

여름은 태양의계절
계곡물에 첨벙첨벙
고기한점 풍악장단
모기들이 회식하네

모기들이 왜앵공습
전자모기채 춤추니
모기들이 낙하하며
눈알요리 제공하네

이열치열 여름노출
계곡선녀 해변피서
선녀들이 바다득실
인어공주 짜증내네

순환역사

2021. 06. 30. 수.

인류문명 시작되며
삼천년이 지나가도
다람쥐의 쳇바퀴가
돌아가듯 돌고도네

무식정의 조직결성
군자의길 덕치의힘
새로운것 창출하고
잘되면은 영웅탄생

최고된후 후첩자식
편애하다 집안갈등
자식들의 반란으로
끊임없이 골육상잔

많은지식 쌓아놓고
행동없는 지식쌓기
도끼자루 썩는줄도
모르다가 백발되네

CONTENTS

7 월

백내장

2021. 07. 01. 목.

눈이침침 열은안개
초점흐릿 눈이껌뻑
진단결과 백내장와
수술권장 고민되네

강열햇볕 맨눈활보
핸폰불빛 과한노출
눈영양에 무신경등
모자안경 대책필요

초록자연 먼곳보며
눈알운동 상하좌우
눈주위를 손마사지
깜박깜박 윤활유칠

눈에좋은 참치고등
계란당근 레몬고추
블루베리 브로콜리
감귤옥수 즐겨먹자

참여마당

인테리어 부실공사

2021. 07. 02. 금.

인테리어 무뇌충들
대충대충 부실공사
건설공사 개판이란
세속야그 알만하네

우레탄폼 대충마감
문틀변형 바닥꺼짐
여닫이문 사물충돌
타일깨짐 배수막힘

공사지연 적반하장
선한주민 골병골병
속앓이에 미쳐가니
대책마련 시급하네

표준계약 의무작성
사용품목 별지첨부
미작성시 업자중과
개판공사 차단해야

인테리어 부실부실

2021. 07. 03. 토.

무뇌충들 부실공사
얼렁뚱땅 대충대충
선한사람 괴롭히며
사회악을 유발하네

미사여구 겉은화려
돈받으면 돌변하며
일은개판 먹튀천국
악마사탄 따로없네

선한사람 손해보고
악한사람 본전이고
독한사람 보상받아
세상살이 쉽지않네

공사계약 하자보증
현장감독 잔금확보
악마사탄 조정해야
선량하면 개밥신세

참여마당

가지산

2021. 07. 04. 일.

빗소리가 강열하게
바람소리 요란하게
장마철을 알려줘도
영알프스 비가없네

요들방정 바람구름
순살자연 맑고투명
비온후의 청명산하
산행하며 축복받네

산능선위 칼춤군무
구슬땀을 빼아가는
바람구름 매직요술
두팔벌려 음미하네

운우씨앗 암반수로
미끌미끌 조심조심
나무바위 생명은인
존재해야 세상있네

始황제

2021. 07. 05. 월.

혼란제국 정복왕들
잘싸우고 덕베푸니
장수들이 몰려와도
공과사는 칼날이네

조직약한 홀로영웅
개폼잡다 사라지고
혼자강해 안하무인
적이많아 암살당해

유방유비 덕치정치
몸낮추고 인재유치
성주들이 자연복속
충성맹세 세력확장

제국통일 세계정복
문화과학 교류발전
군권조절 토사구팽
시황제들 신비능력

명나라후궁비사(도서)

2021. 07. 06. 화.

징기스칸 적의처를
내침상에 눕힐때가
즐겁다며 유럽까지
손에넣는 세계정복

주원장은 성년되고
한여성도 무례하게
정복不取 천명하며
상납여취 중국통일

여자인격 여자사물
양딸들을 키워가며
장군들과 친교유지
친족권력 세력안정

전투승리 여자포로
수용소에 별도관리
승리장군 선물제공
장군들은 심복되네

장마

2021. 07. 07. 수.

장마비가 세상목욕
땟국물이 흘러가고
뽀얀속살 파릇파릇
싱그러움 가득하네

묻틀먼지 물청소로
깔끔하게 씻겨내고
유리창도 밀어주니
장마비가 마감청소

빨강노랑 파란우산
예전에는 옹기종기
칼라투명 요란우산
현대에는 따로따로

나뭇가지 수정방울
거꾸로선 세상모습
청사초롱 불밝히듯
곱고예쁜 장마선물

참여마당

장마후 폭포

2021. 07. 08. 목.

장마후에 맑은계곡
초록산하 새록새록
몸맘씻고 발담그면
세상천지 선경이네

쿵쾅쿵쾅 콰르르쿵
거친물살 뛰어들어
하얀속살 탐해가면
선녀께서 웃으실까

승천하듯 치올리고
떨어지듯 내리꼽고
몽유도원 하늘선경
자연사랑 한폭그림

뽀얀물결 소와담에
여류롭게 숨돌린후
봅슬레이 암반타며
거친숨을 몰아쉬네

장마얼굴

2021. 07. 09. 금.

장마비님 어서와요
콩을볶듯 요란하게
신명나게 퍼부으니
깔끔세상 속이후련

폭포들이 기운팔팔
계곡물의 달리기에
나무들은 응원율동
장마비가 생명동력

산새들의 합창비행
여름꽃들 노출화사
열매들은 맛깔물씬
장마비는 베품이네

오리무중 장마머뭇
무지개의 희망다리
새싹들에 곱게피니
장마비는 희망전령

여름안개

2021. 07. 10. 토.

안개습도 푹푹삶고
땀이말라 찌린내음
목욕해도 몸이끈적
선풍기를 끼고도네

계곡피신 발담그니
민소매에 쫄티바지
날개버린 선녀반라
패션감상 칼날눈총

울부짖은 사랑장마
암반마다 맑은샘물
꿀물인가 홀짝쩝접
속이시원 힘이불끈

몰아치고 달래가며
사랑노래 빗소리에
안개구름 감싸오니
촉촉자연 감성발동

내연산 십이폭포

2021. 07. 11. 일.

여름실록 푸르르고
내달리는 거친물결
십이폭포 개성멋에
발걸음이 천상이네

쌍폭보현 잠룡폭포
관음연산 폭포관문
극락세계 수련도장
예절빨아 널어두네

소금강전망 선일대
가부좌를 틀고앉아
모든시름 날려가며
자신에게 힐링선물

깊은산골 목욕선녀
예쁜사랑 삶이팍팍
사랑한계 하늘도망
사랑자본 저울전설

앞으로 갓

2021. 07. 12. 월.

나는나를 미워하고
나는나를 가두어서
나는나를 괴롭히며
하루하루 자기감옥

내모습이 너에있어
나는너를 미워하고
억압통한 대리만족
매일매일 인성질환

내가나를 씻어내고
내가나를 일으켜서
내가나를 용기주며
자기감옥 뛰쳐나와

암흑에선 내가없어
자학뿐인 고통터널
밝은세상 품고살며
미래향해 앞으로갓

참여마당

인생길

2021. 07. 13. 화.

인생길은 정답없다
옛날부터 전해오며
갈곳몰라 우왕좌왕
크게보면 답이있네

의식주를 해결위한
쳇바퀴삶 인생역사
의식주가 부족하면
생활곤란 살맛상실

삶의여유 색이추가
의식주색 사회환원
목표향한 다양한길
파도타며 희로애락

목표향한 충전활동
여행이냐 술집이냐
취향따라 흥망성쇄
인생길은 의식주색

참여마당

주왕산

2021. 07. 13. 화.

중국주왕 은둔전설
주왕산에 올라보니
기암절벽 수려해서
새가되어 비행하네

에머럴드 옥빛물결
절구폭포 방뎅이에
풍덩빠져 땀식히니
신선인들 이맛알까

산새들이 노래하고
폭포수의 합중주에
땀방울의 낙수화음
자연멋에 동화되네

세상낭만 맛보라고
인생여정 시작인데
돈만벌다 가는인생
그것또한 낭만인가

담금질

2021. 07. 15. 목.

푹우영향 그물터져
양식장의 송어탈출
자연에서 송어두뇌
십오프로 성장했네

먹이활동 도망활동
자연속의 양육강식
살기위해 두뇌성장
열악환경 담금질야

젊어고생 사서하라
살아가며 난관극복
안되는게 되게하니
담금질은 삶의초석

담금질의 가치변화
육십세전 부를축적
육십세후 부를사용
삶의가치 높여가네

참여마당

가스라이팅(심리지배)

2021. 07. 16. 금.

대화의식 심리지배
불안심리 조성해서
능력부족 주체상실
상대방을 조정하네

내가주체 너는종속
나는가능 너는불가
나만믿고 따라와봐
가스라이팅 굴레속

지배복종 묘한연속
주체잃은 이상행동
피해모른 중증피해
가해자를 옹호하네

독서대화 주체확립
자기표현 명확하게
아니면은 거절분명
심리지배 굴레없네

인생살이

2021. 07. 17. 토.

인생살이 다양해서
답없다며 책임회피
인생길은 두갈래길
생산이냐 노는거냐

세계많은 문화유산
생산으로 얻은결과
인생살이 생산위한
모든것의 집약이네

생산해서 개선하고
변화하며 문화창출
과거현재 미래인생
생산발전 위함이네

희로애락 파도타기
목표있음 항해하고
목표없은 표류하니
인생살이 생산항해

무제치기폭포

2021. 07. 18. 일.

심산유곡 초록물결
뭉게구름 원색하늘
심신수련 풍덩풍덩
도몰라도 자연득도

인생살이 복잡다난
땀방울을 떨구면서
어느순간 단순정리
미래행복 자가창출

제치기를 안한다는
무제치기 폭포묘약
오고가는 체력이면
건강회복 혈기왕성

새재에서 유평마을
아스팔트 고통해방
맑고푸른 천혜고장
부부자비 부처로다

허상

2021. 07. 19. 월.

아는것이 넘쳐흘러
타작하니 쭉쟁이라
실속없는 깡통식자
앵무새도 깔깔대네

남이한말 표절복사
거짓인지 참말인지
구별없이 떠벌리며
부끄럼도 모른다네

친일정치 지식언론
국내에서 잘난첸데
국외에서 한국모욕
침묵하며 숨는애국

정의외침 정의없고
국민외침 국민없는
요지경속 부화뇌동
지식허상 국민사기

참여마당

하늘예술

2021. 07. 20. 화.

행위예술 구름물감
땅콩구름 동심놀이
하양파랑 황칠해도
하늘예술 감탄사네

파란무대 구름전쟁
하얀폭염 천지창조
하늘공연 순수예술
가슴얼얼 황홀하네

하늘예술 구름마술
보는사람 보일거고
볼수없음 안보이니
마음속에 예술있네

사랑하고 사랑하며
이쁜행복 만들면서
하늘예술 님과함께
눈을감고 사랑예술

참여마당

지리산

2021. 07. 21. 수.

지리산에 들어서니
몸도맘도 시원하고
바람소리 산새소리
자유로운 영혼이네

극락세계 찾지마소
맑은계곡 초록물결
그늘아래 자리펴고
앉아있음 삶의극락

구름쉬는 방구에서
야생화가 살랑생긋
살바람에 유체이탈
지리정상 천주로다

살아천년 죽어천년
주목단지 천상낙원
천상사랑 유암폭포
소원돌탑 영원사랑

참여마당

시간

2021. 07. 22. 목.

회로애락 파도타며
아름다운 추억시간
꽁꽁묶어 끼고살면
미래시간 맛이상해

좋고아픈 사랑추억
책갈비에 간직하면
과거사랑 못벗어나
예쁜사랑 잠을자네

과거시간 회상함은
과거속에 가두는것
보냈으면 찾지말고
오는시간 즐명설계

동일한일 반복숙달
인생길이 지루해도
일상변화 신명공급
삶의보람 삶의재미

학심이골

2021. 07. 22. 목.

천문사에 안전인사
나선폭포 목마르고
쌍두봉길 삼복땀에
수도승도 이리할까

바람님아 살것같소
태양님아 살려주소
하산길도 숨이깔딱
학심이골 곤두박질

학심폭포 천상폴장
하늘선녀 시집가서
계곡물에 수도정진
한오백년 살고파라

발걸음이 천근만근
꿀맛뒤엔 쓴맛나도
하루보람 배너미재
부처님전 감사인사

참여마당

매미

2021. 07. 23. 금.

한여름의 매미울음
칠년수행 칠일환생
서러움에 복받쳤나
존재함을 고하는가

부여받은 칠일동안
미련없이 사랑하라
고집멸도 생각없이
아름답게 살다가리

고목나무 매미노래
내님이여 어서오소
찰나순간 아깝잖소
여름절정 사랑절정

자지러지는 매미곡
삼복더위 물러가라
입추전령 날개짓에
온몸으로 사랑연가

막대사탕

2021. 07. 24. 토.

사랑이여 사랑이여
목을놓아 불러보는
사랑고통 사랑환희
몸서리에 밤이없네

떨쳐내면 밀려오고
아니라며 집착하고
사랑속의 사랑감옥
바느질로 님을빛네

사랑사탕 오묘한맛
닳아질까 노심초사
뭉게구름 피어나고
환상하늘 사랑예술

사랑으로 사랑하리
밝은사랑 맛난사랑
사랑꽃을 피워가니
파란하늘 막대사탕

참여마당

안면도

2021. 07. 25. 일.

태안반도 안면해변
자연송림 해수욕장
조개잡이 호미질에
캐는맛과 낭만꿈틀

우수에찬 해변길에
연인들의 맛잡은손
갈매기들 비행훈련
꿈을찾아 높이나네

저녁노을 해를삼킨
서해바다 용왕님은
입천장을 데었을까
맛있다고 꿀꺽할까

꿈이있음 꿈을먹고
사랑있음 사랑먹는
달무리의 꿈과사랑
축복폭죽 별이되네

삼대여행

2021. 07. 26. 월.

여행길의 설레임이
덤덤하니 찜통더위
자식들은 들로바다
내마음은 산과계곡

자식들과 함께했던
조개잡이 체험휴가
자식들이 손주에게
과거미래 삼대여행

손주농사 자식행동
웃으면서 허허털털
백사장을 파고파자
손주웃음 볼수있게

자식들은 자식여행
어른들은 어른여행
품고살게 아니로다
그시간대 그들여행

인생방황

2021. 07. 27. 화.

젊은시절 자유분방
명품무장 과시활동
성장하면 행동제한
사회활동 적응불안

청소년때 예절교육
근검절약 규범활동
성장하며 자기통찰
사회적응 원활하네

경쟁비교 하지마라
사회에선 경쟁가열
비현실적 교육으로
적응불가 낙오인생

사회현실 사회적응
무시하는 이상교육
사회적응 괴리발생
젊은인재 인생방황

수련(修練)

2021. 07. 28. 수.

나설때와 물러설때
삶의방향 달라지니
규율규범 행동절제
수련속에 수련하네

수련과정 중도포기
남탓하며 떠나는자
자기중심 사고방식
인생걸음 부정모드

수련참뜻 수련완료
규범규칙 넘어서서
창조향한 삶의전환
인류발전 계속되네

손오공도 까불다가
돌에갇혀 심신수련
좋은방향 앞장서니
생활속에 자기수련

인간능력

2021. 07. 29. 목.

바위산을 조각해서
거대도시 왕국건설
알송달송 상상초월
고대예술 손의예술

정과망치 사막열기
바위산을 깍고파고
정교예술 웅장극치
인간능력 한계어디

거대한돌 정밀설계
석기도구 이빨맞춤
건축비용 조달방법
불가사의 신의경지

인간머리 창작예술
노예공헌 세계걸작
현대인들 이해불가
고대인들 신도탄복

학심이골

2021. 07. 30. 금.

영알프스 심심유곡
천문사서 배너미재
학심이골 땀의욕탕
원점회귀 꿈만같네

학심이골 계곡치기
물은덥고 바람잠잠
땡볕열기 숨이막혀
선녀들도 피서포기

쌍폭포와 학심폭포
비룡폭포 승천하다
물이끼에 발목잡혀
선녀탕에 선남영광

덥다덥다 매미울음
집콕하고 있어본들
시들어진 고추타령
땀흘려야 땡초활기

참여마당

한숨꿀잠

2021. 07. 31. 토.

절끝처마 파란하늘
덩그러니 시린마음
풍경하나 흔들리니
내마음도 그네타네

하늘그네 구름타면
내님모습 보일란가
손뻗으면 닿을곳이
천리만리 멀고머네

내려놓자 내려놓자
어디인들 없겠는가
돌속에도 부처있듯
내님사랑 감싸오네

알록달록 예쁜나비
꽃에안겨 사랑꿀맛
나비품에 날아올라
님어깨에 한숨꿀잠

CONTENTS

월

그리움

2021. 08. 01. 일.

비오려나 검은하늘
여름더위 수증기에
땀흠치며 재미웃음
뻘밭에는 조개뽕뽕

천진난만 어린시절
바다풍덩 박장대소
스트레스 날리면서
삶의충만 젊어지소

좋은생각 즐거움에
먼하늘도 가끔보며
할때하고 놀때놀며
가는세월 기쁨이네

바닷새도 피서가는
여름날에 할것없고
홀라후프 돌리면서
그리움에 행복풍선

참여마당

삶의명약

2021. 08. 01. 월.

미세샘에 수정방울
반짝반짝 솟아나며
방울방울 모여모여
땀한방울 땅적시네

비가안와 목이타며
계곡물에 이끼끼고
녹조라떼 퍼져가도
피부샘에 샘물송송

찜통터위 건강운동
노폐물을 뽑아내며
젊은몸매 선물하니
피부샘물 삶의명약

수정방울 하강하며
금전전환 삶의식수
부모님의 땀한방울
진정가치 자식알까

인간과 신(神)

2021. 08. 02. 월.

없는신을 숭배하며
신을이용 인간지배
인간들은 없는신에
불안해소 길나서네

원시사냥 죽음의길
없는신에 안전기원
불확실성 해소하며
살아있음 신의은총

중세전쟁 대중반란
생명위협 노심초사
신을통한 정치안정
신은날고 인간복종

현대인들 욕심의신
내신니신 신의전쟁
경제성장 한몫전쟁
없는신이 악마역할

참여마당

허울보수

2021. 08. 03. 화.

왜놈망언 입을닫고
국내민주 거짓몰이
친일파들 일본복속
박수치는 허울보수

왜놈보수 일본앞장
친일보수 일본아부
허울보수 잘한다고
박수갈채 신기하네

왜놈보수 독도주장
친일파들 침묵하고
왜놈보수 한국멸시
무릎굻는 허울보수

왜놈위한 친일국깨
누굴위해 종울리나
이익앞에 국가파는
허울보수 보수인가

목표

2021. 08. 04. 水.

목표있음 목표향해
인생길을 걸어가며
매일매일 고군분투
길없는길 길이되네

하루평균 이만달성
찜통더위 물렀거라
건강위해 깨어나고
삶의질이 여유있네

목표없이 어영부영
할일없어 방황하다
시간지나 하소연뿐
삶의질이 한숨이네

이놈커서 머가될래
옛어른들 꾸지람이
목표설정 일갈성토
고산준령 길을넘네

지구

2021. 08. 05. 목.

지구나이 사십오억
돌고도는 반복지구
미래일도 명약관화
지루하다 말도없네

과거현재 미래시간
돌고도는 지구활동
인생길도 돌고돌며
윤회함을 일깨우네

심심풀이 땅콩화산
그래왔고 그럴거니
道야道야 찾지말고
지구보면 道가있네

우주만물 道임에도
道를죽여 道를먹고
백팔번뇌 고집멸도
道없다고 道를찾네

자연예술

2021. 08. 06. 금.

아침일출 저녁석양
빛과구름 어우러진
자연풍광 현묘조화
예술극치 자연예술

자연예술 낭만가득
홀로보기 아까워라
고운향기 퍼져가며
님과함께 살고파라

대자연의 색상예술
쉼이없는 형상예술
경이로워 환호하는
그들또한 자연예술

자연예술 변화예술
영원한것 없는거야
매순간이 최고순간
삶의가치 살리라네

참여마당

사랑

2021. 08. 07. 토.

사랑이란
그림움이 샘솟아서
머리에서 발끝까지
님그리워 전율하며
온몸으로 울고있어
참을수도 놓을수도
없는사랑 목을놓아
님과함께 사랑하리

사랑이란
꽃이만발 천상화원
원색으로 황홀하고
별꽃화원 우주빛꽃
스파크에 환호성이
홍콩불빛 넘쳐나서
그리움이 쏟아지며
사랑불꽃 태워가네

입추

2021. 08. 07. 토.

가을문턱 들어서는
입추날에 입주하려
백일홍에 입쭈하다
벌이질투 한방아야

여름해살 뜨거워도
입추바람 호호불어
찜통열기 식혀가니
땀이나도 시원하네

산을넘는 구름들은
숨이가파 거품물고
오전에는 뽀얀색상
저녁되면 홍조띄네

입추날에 보신해야
추어탕을 먹는입추
뼈도튼튼 몸도튼튼
겨울추위 물렀거라

덕유산

2021. 08. 08. 일.

하늘높이 올라서라
꿈의화원 덕유산에
사랑꽃을 심어가며
천년만년 살고파라

곤도라를 타는낭만
홍돋우며 이랴가자
구름안개 사랑안은
주목나무 고고하네

덕유평전 야생꽃밭
노란물결 원추리꽃
천상화원 넋을놓고
홍겨워라 행복낙원

구름비를 뿌려가며
구름열면 지상세계
산을넘는 운해바다
거친숨도 달콤하네

하늘바다

2021. 08. 09. 월.

기차구름 대포구름
줄을지어 몰려들어
파란하늘 원색멍석
마음대로 놀라하네

초록산들 맑게웃어
웃음바람 산들산들
매미들도 끼어들며
날개바람 사랑바람

파란하늘 하얀구름
갈매기들 글라이딩
파란하늘 하얀파도
젊은열기 써핑즐감

파란하늘 파란바다
하나되며 피는구름
소나기로 열식히며
저녁노을 붉은사랑

참여마당

사마의1(도서)

2021. 08. 10. 화.

한나라말 삼국시대
사마의가 제갈량을
인내불패 봉쇄하고
진나라로 통일하네

조신하고 사리분별
지피지기 인내하며
속전속결 지공방어
시와때를 조리했네

신세력들 권력횡포
구세력들 꿇어안은
칠십영감 모반성공
욕심끝이 어디메뇨

사마의가 모반해도
대신들은 갈팡질팡
살기위해 조아리니
칼춤추며 정적제거

가야산

2021. 08. 11. 수.

안개구름 휘날리며
바람조차 숨에차서
암봉위에 걸터앉아
대가야를 만나보네

기기묘묘 암봉배우
표현다양 연극연출
최상연기 박수갈채
삶의기운 살려주네

계단들의 고행수행
철옹성의 칠불암봉
암봉굴뚝 연기구름
꿈의달성 수행결과

싱그러운 원색물결
원시자연 마음청정
갇혀있음 망상물결
산행땀에 청정물결

참여마당

사마의2(도서)

2021. 08. 11. 수.

태조왕들 건국설화
왕자들이 말아먹어
무소불위 왕권으로
주지육림 타락의길

귀한왕자 금지옥엽
세상물정 이해못해
백성들을 개돼지로
고혈빨아 낭비패망

어린왕과 철부지왕
충신참모 간신참모
구별못해 패망정책
난관전쟁 동시다발

구령참모 지휘못함
왕을농락 지록위마
왕과신하 밀당하다
나라잃고 목숨잃네

욕심

2021. 08. 12. 목.

잘되려고 잘살려고
욕심하나 갖고살자
욕심없음 행동없고
발전없어 삶이건조

건전목표 이룰욕심
추진할때 성과달성
잘될때는 자기점검
과한욕심 쪽박차네

돈이인생 전부아냐
그렇지만 삶의거름
부자아빠 조기은퇴
돈이있어 가능하네

자기발전 성공요인
오늘내일 다른모습
개선하며 일보전진
육십전에 은퇴완성

참여마당

인생거름

2021. 08. 13. 금.

돈을벌자 돈을벌어
인생노후 돈이거름
돈이인생 전부아냐
돈앞에서 괄시받네

경제경영 돈의흐름
세상흐름 돈이관여
돈이없음 천대받고
생활고에 눈물노후

공부이유 까고보면
먹고살기 방법찾기
돈을경시 돈을낭비
인생살이 돈의노예

무식해도 돈이있음
국회의원 출마가능
유전무죄 무전유죄
유권무죄 무권유죄

삶의재미

2021. 08. 14. 토.

의식주가 해결되고
노후생활 안정되면
삶의재미 무엇일까
인생멋을 살펴보자

학이시습 불역열호
예체능과 봉사활동
자기재능 개발발휘
생로병사 일반적삶

텔레비전 세계여행
돈을벌고 관광유람
삶의모습 대동소이
환상보다 일상이네

인류시작 현재미래
수레바퀴 돌아가며
편리추구 개선활동
일상활동 삶의재미

대둔산

2021. 08. 15. 일.

척양척왜 보국안민
동학농민 자주항쟁
명청관료 국가팔며
고혈빨아 백성도탄

금강구름 삼선계단
간담써늘 담력강화
암봉잔치 하늘구름
천지조화 한폭감탄

마천루 암봉하늘길
쭉쭉장군 쭉쭉연인
바위들의 굳은기상
장엄하게 살자구나

낙조대에 해는쨍쨍
허무생각 초라할뿐
바위소나무 한작품
멋을내듯 멋진생각

후회

2021. 08. 16. 월.

만약만약 돌아가고
싶은나이 질문하면
지금현재 만족하며
행복미래 설계라네

옛날시간 돌아간들
후회없이 살수있나
그시간들 그런삶이
팔자소관 아니련가

우주속의 인간측정
허무함의 나락보다
현재시간 즐감하며
더좋은삶 이루소서

과거후회 생각마소
과거시간 올수없어
한잔술에 행복마실
함박웃음 현재만족

두뇌

2021. 08. 17. 화.

젊어고생 사서하라
코로나로 현실입증
좌충우돌 보고듣고
경험활동 두뇌성장

코로나때 신생아의
두뇌지능 체크하니
환경제약 활동부족
평상대비 팔십프로

양식장을 탈출송어
양육강식 살아남기
발표논문 두뇌크기
십오프로 증가했다

활동하고 뛰어놀며
촉감활동 독서삼매
고생경험 다양활동
우수두뇌 성장동력

소원성취

2021. 08. 18. 수.

비나이다 비나이다
천지신명께 빕니다
소원성취 만사형통
빌고빌고 비옵니다

자기자신 강한믿음
소원성취 이룰거고
긴가민가 부정마음
바람따라 사라지네

자기조상 천대하고
남조상에 굴종하며
자기자신 신뢰부족
소원성취 요지경속

소원이란 추구방향
신이아닌 자기할일
우보천리 믿고가면
꿈과희망 현실되네

조선왕조실록1(도서)

2021. 08. 19. 목.

왕의끗발 쫄아들면
대신들은 분파하며
권력쟁취 물밑작업
식자들의 수준이네

광해군을 몰아내고
인조반정 권력쟁취
무능대신 멍청정치
인조왕이 머리찍네

분열하면 국가잃고
편안하면 나태하고
우유부단 군주신하
탐관오리 고혈쪽쪽

유교정치 예를숭배
권모술수 능수능란
돈앞의예 이전투구
예탈쓰고 갈취정치

참여마당

조선왕조실록2(도서)

2021. 08. 20. 금.

왕은국가 애민사상
신은개인 뱃속사상
왕과신이 다른생각
구중궁궐 숨박꼭질

세종대왕 한글창제
과학기술 우주개발
음악예능 혁식제시
공자왈에 묻혀삐네

정조대왕 실사구시
신개념의 정치구상
왕이승하 도돌이표
왕은단명 신하영원

왕과신하 원시시대
개혁국들 문맹취급
왕이죽지 신하죽나
신하들은 만사태평

참여마당

위기

2021. 08. 21. 토.

인생살이 파도타듯
위기넘김 기회오니
위기라고 포기말고
위기넘겨 기회잡자

많고많은 험난파도
이겨내면 항해지속
포기하면 침몰하니
삶이란건 위기극복

무턱대고 가지말고
자기목표 설정항해
위기대응 발현되면
성공기회 쟁취하네

기회와도 머뭇거림
자기예절 자기감옥
자가당착 행동방해
자기탈피 자기개혁

참여마당

쌍두학심골

2021. 08. 22. 일.

나선폭포 선녀날개
촉촉하게 감싸오니
황홀경에 정신몽롱
꿈을꾸듯 사랑품네

바위혈이 우락부락
쌍두봉의 담력훈련
운문댐과 영알산하
땀의보람 신선바람

청옥물의 학소폭포
비룡폭포 쌍용폭포
물보라의 최고걸작
발품팔이 환상이네

명경수에 풍덩어프
뻬속까지 이맛이야
사랑연가 불러보며
학심낙원 살고파라

갈등

2021. 08. 23. 월.

칡덩쿨과 등나무가
꽈배기로 베배꼬여
풀수없는 갈등상태
안풀릴땐 단칼에탁

자유넘어 방종으로
이념분쟁 종교분쟁
편가르기 이분법화
갈등조장 이익추구

언론정치 언론자유
이리농락 저리농락
옳고그름 판단난해
갈등증폭 국가와해

자본으로 세상평가
도덕귀양 법이앞장
돈이많음 법을구매
서러움에 갈등증폭

오마이스(태풍)

2021. 08. 24. 화.

몰아치는 비바람에
날아가소 날아가소
내리치는 천둥번개
데려가소 데려가소

거짓말은 변죽끓듯
온갖해악 저지르고
자기주장 청렴결백
공명정대 내로남불

멍청한자 신부르니
지식인들 무릎꿇고
한표줍쇼 동냥굽신
위급하면 국가팔듯

겉과속이 완전달라
거짓말을 밥먹듯이
신이없나 신이자나
돈먹었나 딴짓하네

참여마당

가을장마

2021. 08. 25. 수.

가을장마 추적쏴아
비와함께 걸어봐요
싱그러운 가을정취
님그리며 웃음짓네

빗소리에 눈감으면
자장자장 토닥토닥
빗방울의 리듬따라
꿈결속에 님과탱고

붉은기운 수줍움에
가을낭만 스리살짝
오곡백과 익어가고
늦매미는 사랑울음

처서가고 태풍가고
가을장마 귀찮아도
여름가는 자연순리
탓보다는 사랑하리

그리스신화

2021. 08. 26. 목.

혼돈속에 지구생성
부친권력 불가침에
살부반란 신개념생
권력분배 죽음회피

제우스는 하늘번개
포세이돈 바다지진
데메테르 대지곡물
헤라여신 가정결혼

제우스의 십이神이
지구구성 물질관리
인간심리 요소운용
간단명료 희로애락

제우스의 불륜다산
권력이양 평화의길
헤라여신 가정결혼
가정지킴 안정된삶

참여마당

향로산

2021. 08. 27. 금.

가을장마 태풍선물
녹색자연 폭포절경
학암폭포 날개짓에
세상시름 놓아보네

향로산길 학암원천
비가와서 길이소멸
칡밭에서 어디메뇨
향로봉에 녹초안착

겸고작은 돌길하산
가는길이 험난해도
헤쳐가면 희망의길
불평보다 길을찾자

산행후에 냇물풍덩
산다는건 극복과정
안된다는 말보다는
추진해야 얻는다네

묘족묘의(苗族苗醫)

2021. 08. 28. 토.

중국묘족 화타묘의
귀한약은 험한곳에
흔한약은 넓은곳에
산을찾아 약초찾네

허리팔등 골절부위
약초치료 껍질부목
양의아들 이해불가
환자들은 명의깃발

가난하면 어떠냐고
많은사람 통증해결
그것으로 만족하며
발품팔며 의료활동

父子합심 책을집필
묘족전통 약초치료
대한민국 동의보감
허준선생 언제올까

참여마당

금정산

2021. 08. 29. 일.

높은습도 땀이줄줄
가다쉬다 반복하며
갑오봉에 인사하니
안개바람 꿈결이네

억새꽃의 춤사위에
가을낭만 즐기면서
장군봉에 우뚝서서
안개애무 눈을감네

오리무중 미끌미끌
나무바위 손에감사
고당정상 인산인해
구진날씨 불렀거라

땀이번벅 짠내시큼
범어사골 맑은물에
심신수양 목욕재계
이쁜님이 미소짓네

참여마당

생각의지도1(도서)

2021. 08. 30. 월.

동양사람 서양사람
사고방식 서로달라
이해부족 불신발생
책을보니 이해되네

동양사고 관계중심
이웃들과 협력강조
서양사고 개인중심
개인능력 자기계발

동양인들 자기자랑
머뭇대며 자기겸손
서양인들 자신의견
과감제시 자기확장

생각차이 관념차이
원중심의 동양사회
직선중심 서양사회
상대東洋 자기西洋

참여마당

정책변화

2021. 08. 31. 화.

이십세기 굶주려도
근검절약 저축증대
부족해도 풍족한삶
나눠먹고 서로격려

잘살려고 아둥바둥
험한일도 마다않고
최선다해 일보전진
안되는일 되게하라

이십일기 경제우선
소비미덕 낭비증대
풍족해도 부족한삶
상대성에 허탈하네

일을하며 이어폰에
받는만큼 일을하자
시킨일만 하면되지
힘들다고 곡을하네

참여마당

CONTENTS

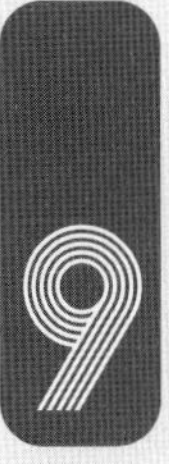

월

백내장수술

2021. 09. 01. 수.

흐리멍텅 안개세상
백내장수술 하라네
세개안약 네번투약
삼일동안 시간맞춤

눈이시린 밝은조명
투약세척 렌즈수술
조명환상 청명하늘
눈窓세척 안정안대

세상보는 예쁜창은
마음에서 솟아나요
내마음이 밝게보면
내눈까지 맑고곱네

고운말과 고운행동
자기자신 정화되며
밝은세상 펼쳐지니
맑고밝게 살자구나

오늘보다 내일

2021. 09. 02. 목.

내일있어 오늘열심
내일희망 오늘실천
내일수확 오늘파종
내일위해 오늘횃팅

밝은내일 이루리라
희망찬꿈 몸소실천
포기말고 난관극복
내일위해 오늘투자

영원평온 없는거야
사시사철 변하듯이
거친파도 넘나들며
항구입항 내일준비

평안방심 녹이슬어
쉼이란게 쉼이아냐
움직임에 행복있어
내일향해 오늘뛰자

생각의지도2(도서)

2021. 09. 03. 금.

동양육지 농업활동
상호협조 공동의식
서양해양 해상무역
개인능력 개인독립

어떤사건 분석설명
동양상황 개체환경
서양본성 개체특성
문화사회적 특성화

동양동사 비논리적
옳고그름 중요관점
서양명사 논리중심
옳고그름 명확구분

성장지역 교육따라
사고방식 변화하니
동서양이 퓨전융화
상호존중 공동발전

독서

2021. 09. 04. 토.

독서이유 무엇일까
지식쌓기 대인관계
온고지신 미래계획
다양성에 머리아파

할것인가 말것인가
옳은건가 나쁜건가
책속에서 근거찾아
의사결정 정립하네

맨땅헤딩 갈팡질팡
삶의길을 잡아가고
새로운것 추진할때
의사결정 책에있네

정책입안 효과검증
자기주장 상대설득
과거산물 책에있어
독서정의 의사결정

벌초

2021. 09. 04. 토.

조상님께 문안인사
성묘음식 마트준비
한잔탁주 올리면서
평안하고 행복해요

일가친척 찾아뵙고
옛이야기 녹이슬어
이런저런 미래준비
아는야그 돌고도네

대면없고 알수없는
조상모심 이해부족
조상계셔 우리있고
우리역시 조상이네

예가없어 예를찾고
예가넘쳐 예에함몰
돌고돌며 미래발전
희망위한 벌초걸음

참여마당

장산

2021. 09. 05. 일.

가을바람 불듯말듯
가을하늘 해안구름
푹푹찌며 한기드니
가을날씨 숙살지기

동해바다 남해바다
넓고넓은 바다두고
좁고작은 산속나라
좁살삶이 아리송해

도전의식 부족인가
모험정신 바닥인가
장보고의 해상왕국
못살리고 문닫았네

합장바위 촛대바위
장산명물 만나려고
장산정상 두번올라
꿈을찾아 돌고도네

확인사살

2021. 09. 06. 월.

국민지원금 소득이
팔십프로 팔팔프로
자산규모 구억이하
이십오만 지급하네

잘살려고 성실노력
고액세금 성실납부
지급대상 제외되며
근면성실 확인사살

발품팔며 살다보니
행운으로 가격상승
소득빠듯 세금납부
성실노력 국민천대

세금벌금 미납부자
낭비빈민 혜택주며
못하는게 잘한거야
열성노력 확인사살

스트레칭

2021. 09. 07. 화.

세월나이 표가나요
흘리면서 꿈뜬행동
당연하다 합리화는
늙음인정 노인이네

오십중반 근육수축
유연성이 부족하니
스트레칭 근육펴기
노화행동 방지비결

안면입안 내장운동
숙면근육 활성화로
운동방식 변화주며
가슴활짝 세월건강

사용안한 근육운동
과부하로 통증유발
과유불급 항상의식
몸에맞게 스트레칭

세대변화

2021. 09. 08. 수.

정국데이 꽃길터널
해변열차 도색운행
먼말인지 아리송해
머지머지 머리뱅뱅

비티에스멤버 정국
부산출신 생일기념
정국팬들 돈을모아
생일축하 행사라네

오빠부대 옛이야기
세상변화 놀라워라
중국에서 예능점검
이런행사 즉시중단

집살돈이 없다면서
등꼴빠져 번돈으로
이런소비 보는시각
구신시대 세대변화

삼목구구

2021. 09. 09. 목.

오랜세월 한푼두푼
작은목돈 인생활력
의기투합 사업구상
지인도움 나무사업

문그로우 측백피톤
농작물은 발소리에
빛이나고 성장하니
발품팔이 바쁘겠네

일년동안 삼색변화
나무들도 진화하며
잘난맛에 사람유혹
친근변화 인기라네

문경영순 오룡리산
상감주막 상주한우
관광지에 여생유홍
백수세월 홍이돋네

송정

2021. 09. 10. 금.

송정죽도 팔각정자
동해바다 가을바람
땀방울을 식혀가니
살갗들이 신이났네

시원바람 추운바람
동일바람 다른바람
사람따라 다른느낌
달리봐서 변화하네

파도타고 바람타고
서평열기 사랑싣고
망망대해 사랑파도
님그리며 팔을젖네

빛사이를 뚫고나는
흘갈매기 우아비행
나비한쌍 나플나플
사랑환상 곱디곱네

참여마당

한가로움

2021. 09. 11. 토.

파란날개 울렁울렁
은빛광채 찬란바다
우유포말 일어나니
우유목욕 즐겨볼까

투명바다 에메럴드
물고기떼 한가로와
덩달아서 여유롭게
바닷속을 유영하네

가을따라 날아올라
수평선에 빨려들면
곡선라인 은은해서
미끄럼을 타고싶네

파란하늘 하얀구름
백사장의 고운모래
연인들의 깔깔웃음
사랑사랑 내사랑아

결혼

2021. 09. 12. 일.

활력한쌍 결혼축복
백지장도 맞들면은
효율효과 상승하니
알콩달콩 행복일상

석류반짝 고운신부
듬직믿음 미래신랑
서로계획 실천행동
목표달성 백년해로

무릉도원 영원행복
거친파도 헤쳐가며
힘든일도 마다않는
두사람의 의지라네

소설같은 결혼생활
책읽으면 대화풍성
환상보다 행동결과
공든탑에 행복웃음

장산

2021. 09. 13. 월.

흐린구름 울듯말듯
태풍소식 바람울음
성큼성큼 짙어오는
가을풍경 오돌오돌

님부르는 억새손짓
다가서니 가라손짓
갈팡질팡 흔들흔들
가을바람 얄궂구나

장산정상 최고조망
회색도시 수평바다
가을바람 품고쉬니
신세상이 스멀스멀

오묘하게 시원하고
짜릿하게 떨려오는
바람향연 가을사랑
님그리워 터덜터덜

발우공양(鉢盂供養)

2021. 09. 14. 화.

발우공양 네그릇에
식사예절 담겨있어
설거지도 할것없이
깔끔식사 최고라네

남은식사 버리면은
환경오염 쓰레기요
깨끗하게 먹으면은
거름으로 환경보호

김치국물 유산균들
버리면은 환경파괴
먹으면은 대장건강
행동따라 다른결과

발우공양 환경대상
책임小食 낭비감소
활동편한 건강생활
규범예절 진정자유

영축산 · 신불산

2021. 09 .15. 수.

영축산과 신불산의
하늘억새 은빛물결
하늘선녀 춤사위에
넋을잃고 침묵하네

꿈을먹고 꿈에사는
영축신불 나비나니
산신들이 넋이빠져
가을절경 관심없네

많은지식 꽉꽉차서
독선아집 고집멸도
벌침한방 명약효과
밝은세상 불밝히네

벌과나비 함께날며
밝은미래 가꾸면서
즐거움을 채워가니
하루하루 행복이네

이계절에

2021. 09. 15. 수.

나무울음 바람귀신
스산하며 시원상쾌
원색가을 청명함에
이상야릇 매혹되네

찬투태풍 원색변화
뭉게구름 장난도망
부서지는 물보라에
인어공주 거품목욕

눈과마음 시원시원
어깨춤에 가을덩실
나무들도 신바람에
바람춤을 즐겨노네

바람안고 돌아간다
구름따라 파도따라
돌아간다 얼쑤좋다
이계절이 아좋구나

참여마당

예(禮)

2021. 09 .16. 목.

예에죽고 예에살고
예가부족 예를숭배
예가넘쳐 예에함몰
공자숭배 시간정지

공자예가 문제인가
신하들이 문제인가
조선왕의 문제인가
유교갇힌 조선시대

정도전의 신하세계
신하들은 예만찾고
세종대왕 정조대왕
변화의지 한눈파네

임진왜란 병자호란
국가망신 다당해도
예울타리 변화거부
신하들은 자폭무덤

선과악

2021. 09. 17. 금.

선과악의 기준무엇
선행해도 악이되고
악행해도 선이되니
선악구분 모호하네

인간내면 선악공존
보는관점 행동따라
악한행동 선을주장
선과악이 충돌하네

이웃눈총 상관없이
선의방종 사회피해
법을통해 제어모호
사람따라 다른선악

방귀뀐놈 성내듯이
반란세력 국가전복
승리하면 악법이선
시대따라 선악변화

참여마당

이기대

2021. 09. 18. 토.

바람한번 시원하다
날아갈듯 몰아와서
바닷물을 뒤집으며
오륙도를 흔들구나

파란바다 파란하늘
수평선에 널린구름
바람따라 펄럭거려
인어선녀 애가타네

일렁일렁 넘실넘실
쿠르르꽝 흰물보라
하늘높이 솟구치며
자이로빌 신명나네

갈매기의 사랑비행
광안대교 현을연주
님그리워 사랑함성
몽돌해변 동글화답

나들이

2021. 09. 19. 일.

추석명절 가족모여
얼굴보고 소담소담
웃음소리 퍼져가니
명절맛이 살아나네

꽃무릇은 붉게피고
대왕암앞 선박잣들
시원청명 관광물결
안방감옥 자유추구

광안대교 조명찬란
유람선불 빤짝유혹
유흥객들 명절건배
광안리의 관광유흥

달아달아 밝은달아
청춘남녀 놀던달아
너를보고 소원빌면
웃으면서 들어주소

할머니

2021. 09. 20. 월.

장터난전 좁은빈터
할머니들 흙손주름
파마늘등 다듬어서
길손님께 정성판매

굽은허리 찌든얼굴
살아온삶 세월주름
할머니는 돈을벌고
청년들은 놀고있네

짜투리탕 일구어서
정성드려 가꾼야채
손벌리지 않으면서
자식손자 용돈주네

일없다고 울지말고
스스로가 우물파며
의식주를 해결젊음
삶이건강 맘도건강

추석

2021. 09. 21. 화.

조용하고 썰렁하다
추석아침 차례준비
새벽부터 부산함은
옛이야기 추억이네

잘살아서 바뀐명절
먹거리가 풍성하니
검소하게 먹을만큼
한가위상 나태초라

일가친척 왕래줄고
손님오면 외식으로
사람손길 최소화로
게으름이 발전하네

게으르면 궁핍일상
부자들은 엄격규율
빈부격차 격식격차
사람질도 격차확장

참여마당

추석달

2021. 09. 21. 화.

휘어엉청 밝고밝은
천년미소 보름달이
추석누리 비춰가니
사람들도 환한보름

한가위만 같아라고
달을보며 소원비니
달빛거울 선물하며
청명하게 살라하네

활짝웃는 밝은달이
비로목욕 대기깨끗
구름비킨 맑은하늘
이웃도움 감사라네

추석달을 담은한잔
행복가득 건배하며
내일위해 오늘있어
모두 잘먹고잘살자

꽃이피네

2021. 09. 22. 수.

산에산에 꽃이피네
봄과여름 가을겨울
아름다운 꽃이피어
마음웃음 삶을음미

형형색색 예쁜꽃들
벌나비의 탱고춤에
간지러워 자지러진
활짝웃음 얼쑤좋네

가을국화 겨울눈꽃
환상속에 축제여니
사랑꽃이 방긋방긋
꽃과나비 부러워라

꽃이있어 사랑이고
꽃이피어 사랑결실
오순도순 사랑연가
굴뚝연기 포근하네

참여마당

하늘억새

2021. 09. 23. 목.

나플나플 은빛물결
바람따라 파도치며
익어가는 가을길이
한가롭고 여유롭네

파란하늘 흰구름에
비벼대는 억새사랑
산줄기도 꿈틀대며
하늘길이 낭만이네

영축산과 신불능선
산국화가 파르르르
벌과나비 곡예비행
짝이있어 부럽구나

덩실덩실 춤을추자
어깨춤을 추어보자
억새따라 흔들흔들
세상시름 잊자구나

참여마당

시민공원

2021. 09. 24. 금.

시민공원 도심공원
가을바람 찰랑찰랑
싱그럽게 불어오니
기분상쾌 걷기좋네

검은구름 해가울먹
평상의자 벌렁누워
좋은친구 함께힐링
그냥좋아 마냥좋아

고리타분 옛이야기
바른길로 안내해도
들어봤자 그게그것
현재웃음 젊은건강

부산시민 축복공원
구석구석 둘러보며
발걸음을 옮겨보소
몸도힐링 맘도힐링

장산

2021. 09. 25. 토.

새벽비가 왔다갔나
촉촉하게 젖은땅에
가을성큼 다가와서
살랑바람 간질간질

구절양장 둘레길에
밤한톨을 얻어볼까
운있는자 따로있어
쭉쟁이만 뒹굴구나

옥녀봉의 안개눈물
사랑하되 사랑못한
서러움이 빗물되어
애간장을 태우구나

동해바다 탁주한자
가을정취 일렁일렁
님그리워 우는새가
술잔위를 날고있네

무장봉(鍪藏峰)

2021. 09. 26. 일.

신라시대 무기숨긴
무장봉길 밤을따며
가을바람 유혹하는
계단길에 고행수도

가을구름 두리둥실
파란하늘 파란바다
은빛억새 찰랑이니
천상화원 꿈이로다

억새춤을 추어보자
은빛꼬깔 찰랑이며
내가내가 돌아간다
어하둥둥 내사랑아

무장계곡 맑은물에
마음씻고 흘러가니
무열왕릉 감은사지
황금들녘 풍요평온

윗세오름

2021. 09. 27. 월.

대중교통 활용절감
바쁜시간 바쁜행동
머리쓰면 관계구성
돈을쓰면 편리추구

오백나한 병풍바위
슬프면서 효의전설
허망한삶 본인책임
행복해도 존재해야

검은연화 한라남벽
동식물의 오묘암석
오락가락 구름변화
고정물도 변화라네

칼치조림 입맛자극
동문시장 크고분주
발품팔아 움직이니
제주시가 이웃동네

한라산

2021. 09. 28. 화.

성판악이 분주하다
새벽등산 차도빽빽
부지런함 날고있어
내위치를 점검하네

구름쉬는 한라산에
사라오름 정원호수
그림같은 집을짓고
살아갈수 있으려나

두리둥실 흰구름은
목표있음 끌고가고
끌려가면 목표부재
생각행동 인생좌우

백록담의 물한잔후
구름안개 통과의례
산신되어 노닐다가
인간되어 고행의길

참여마당

꿈

2021. 09. 29. 수.

흐린날씨 낮잠들어
좋은글이 스쳐가며
적어야지 적어야지
잠에취해 요지부동

글귀들이 살아나고
명품글귀 살려야지
잠에취해 기록못해
눈을뜨니 머였었지

좋은말과 로또복권
꿈의게시 있음머해
재생능력 부족하니
무용지물 꿈속의떡

꿈이란게 그런거지
꿈을알면 머리복잡
모르는게 약이로다
단순해야 삶이편해

가을

2021. 09. 30. 목.

가을비가 촉촉하게
여명대지 적셔가며
밝아오는 한편으로
가을맛을 전해주네

오간다는 말도없이
파란하늘 하얀구름
바람결에 재롱떨며
가을맛을 살려내네

길거리에 가을빛깔
오곡백과 붉은황금
풍요로움 전해오니
가을품격 결실이네

원색가을 알록달록
단풍빛이 언뜻언뜻
바람따라 느낌변화
붉은색상 심쿵생쿵

전복죽

2021. 09. 30. 목.

열은녹색 나릇나릇
감칠맛이 입안가득
입맛없고 기력없음
전복죽을 찾게되네

전복내장 영양듬뿍
전복살꽃 씹는식감
쌀을넣고 죽을쑤어
참기름의 꼬순미각

기장연화 전복집들
일인분이 일만원에
맛도좋고 속도편해
부담없이 찾게되네

미끼상품 전략상품
관광상품 네온불빛
서로서로 어울려서
관광객들 낚시하네

참여마당

CONTENTS

10월

시월첫날

2021. 10. 01. 금.

자명종이 어둠깨워
산과들은 기지개짝
황금햇살 밝아오며
색상들이 살아나네

눈부시게 파란하늘
수평선의 검은구름
붉은황금 쏟아내며
회색도시 잘살라네

등산객의 어깨위로
여명햇살 비쳐가고
나무들은 연지곤지
열은홍조 사랑담네

시월첫날 기분전환
왠지모를 삶의충만
가을향기 듬뿍담고
싱그럽게 잘될거야

참여마당

일출

2021. 10. 02. 토.

햇님기상 게을러져
햇님덕에 해를보네
내기상은 일정한데
햇님시계 왔다갔다

동지지나 북상하다
하지지나 남쪽으로
오르내린 일상변화
지구사계 사시사철

겨울일출 멀면서도
친근하며 동그랗고
여름일출 가까우며
일찍기상 강열하네

안개구름 장벽뚫고
아침햇님 눈썹미소
동해바다 깨우면서
동그랗게 살라하네

가야산

2021. 10. 03. 일.

올망졸망 장엄굴찍
바위멋들 장기자랑
이리보고 저리봐도
어하둥둥 사랑만물

부처님의 광배배경
폼을잡고 해탈삼매
웃음소리 그자체가
해탈이고 근심해소

곰형상과 멧돼지의
정기서린 가야산에
정근모주 이비가지
대가야의 창건설화

우두합천 칠불성주
가야산이 둘이되어
관광객을 유치하니
인심경쟁 길이좋네

참여마당

대봉감

2021. 10. 04. 월.

파란하늘 대롱대롱
까치들을 기다리는
둥글둥글 대봉감들
동심세계 날개펴네

까치밥을 남겨두는
여유로운 농촌풍경
자비로운 넉넉한맘
빛바래도 가을풍요

눈이덮힌 초가지붕
산촌고모 보물창고
대봉홍시 천상의맛
까치밥은 인정의멋

상대있어 내가존재
자신희생 상대존재
대봉감의 까치밥에
가을낭만 가을인심

시간여행

2021. 10. 05. 화.

여유시간 시간여행
고을마다 마을마다
가을축제 사랑싣고
꽃과별로 사랑여행

코로나로 닫힌세월
함께하는 코로나발
이기는자 살아남아
여행건강 심신면역

하늘국화 바람풍력
가족연인 꿈을세며
사랑꽃이 만발하니
가을낭만 시간낭만

사랑맞춤 별이되고
사랑어깨 기둥되어
사랑그림 행복피며
옷이되어 감싸오네

달리기

2021. 10. 06. 수.

달도별도 꾸벅꾸벅
새벽길을 달려간다
아침일출 반기려고
뛰는아침 상쾌하네

양털구름 붉어지며
여명의빛 하늘채색
생명들이 살아나며
하루일과 일찍나네

아침해도 바쁘구나
검은구름 뚫는다고
장애물을 뚫고나온
눈썹해에 심쿵기운

힘들다고 불평불만
답이없고 포기인생
난감해도 역경딛고
밝은긍정 승리인생

해가뜬다

2021. 10. 07. 목.

매일아침 뜨는해가
머가그리 좋은가요
해를보러 달려가며
기쁨충만 건강충만

아침해가 피어나며
은은하게 비춰오는
금빛하늘 싱그러움
깨어있어 볼수있네

일렁이는 은빛물결
찰랑대는 파도소리
잠에빠진 내영혼을
깨우면서 해가든다

해가뜬다 지지배배
나무들도 덩실덩실
가을바람 신바람에
아좋다 감탄사연발

참여마당

동백섬

2021. 10. 08. 금.

동백섬을 돌고돈다
이만보를 채우려고
동백섬을 돌고돌며
지구여행 떠나간다

파란바다 바다내음
하늘관상 구름영향
저산너머 미지세계
알고보면 세상하나

잘난사람 부러워마
부러운게 고통위기
평범한게 평온행복
사람삶이 한통속야

넓게보면 평안하고
좁게보면 이전투구
동백섬을 돌고돌며
하늘바다 산이되네

한글날

2021. 10. 09. 토.

한글날이 왔다네요
세종대왕 한글창제
백성위한 애민정신
늴리리야 니나노오

스물여덟 자모음에
유래없는 자모변화
원과직선 단순원리
세상소리 전부표현

신하들의 우민정책
백성들은 글몰라야
세계최고 세종한글
우리들이 천대하네

현시대도 사대주의
영어표현 어깨으쓱
한글자리 줄어들며
오늘날도 한글눈물

참여마당

억새하늘길

2021. 10. 10. 일.

와이리도 힘이들까
가는세월 장사없어
간월신불 영알인중
장사진에 기를받네

바람따라 흔들흔들
하늘억새 춤을추자
찰랑찰랑 신명나게
대자연과 춤을추자

투구꽃이 억새속에
연인으로 사랑사랑
홀로걷는 내가미워
길을재촉 영축품네

간월공룡 신불공룡
단풍들이 살짝살짝
시간회상 미래회상
기력있어 걷고보네

장산

2021. 10. 11. 월.

첫발딛기 힘이들어
무거운발 거친숨에
포기할까 딸막딸막
시작이반 가자가자

이악물고 조금만더
숫한유혹 이겨내며
칠전팔기 인생역전
포기란말 절대불가

자연바람 싱그러움
가는길에 희망주고
자연풍광 마음넓혀
아름다움 심어가네

젊은이들 발걸음이
경쾌하고 생기발랄
대자연을 품는기풍
부러워서 의샤의샤

참여마당

가을바람

2021. 10. 12. 화.

가을바람 시원하다
답답한맘 뚫리면서
가슴으로 파고들며
넓게넓게 살라하네

안개바람 휘날리며
온산하에 굿판벌여
나무들도 신들린듯
무당춤을 추는구나

나무숲의 귀신울음
혼란속에 정신바람
땀이녹고 눈열리며
살이되고 피가되네

비바람이 울고가니
세상만물 맑고깨끗
원시자연 원색색상
그렇게또 가는세월

참여마당

만주모던(도서)

2021. 10. 13. 수.

일제시대 만주개발
오일육의 군사정권
가난없이 잘살려고
만주모던 벤치마킹

군사정권 일사불란
불협화음 숙청제거
전쟁몸값 개발투자
지휘자는 잠도없네

근검절약 나무심기
중화학과 철강부국
강제수용 고속도로
빨리빨리 국민의식

북한획일 활동제한
남한자유 표현활발
일본정쟁 경쟁심화
남한북한 경제역전

참여마당

하늘도화지

2021. 10. 14. 목.

구름없이 맑고고운
파란하늘 갖고싶어
사진한장 찰칵찍어
하늘도화지 담았네

내마음 파란도화지
무슨그림 그려볼까
가장예쁜 꿈과희망
사랑글자 사랑그림

덩그러니 하트하나
허전해서 하트추가
서로서로 어울리게
이쁜사랑 그려보네

사랑사랑 내사랑아
사랑노래 사랑타령
끝이없이 그려지는
내사랑 하늘도화지

장산

2021. 10. 15. 금.

따스하게 햇살쬐는
억새길을 따라가면
가을멋 고추잠자리
사랑낭만 한가롭네

구절초와 꽃향유가
벌나비를 유혹하고
한쌍의꿩 덤풀사랑
자연속이 경이롭네

찌르레기 우는숲길
사색의물 흘러가며
영웅호걸 일깨우니
노자삶이 최고였네

도시불빛 유희한잔
자연빛깔 빛을바래
도시오염 앞장서며
또그렇게 하루가네

두타산

2021. 10. 16. 토.

청옥두타 베틀마천
올첫개방 협곡절경
인산인해 사람단풍
단풍중의 단풍이네

선녀베짠 베틀바위
물이살린 절벽폭포
비온덕에 천하절경
복이란게 따로있나

산성십이 학소폭포
흑룡암룡 타고나니
봉황새가 울고가며
때만나야 빛이나네

반질윤빛 여인히프
용추폭포 쌍폭계곡
무릉반석 옛글씨들
선경선녀 소풍장소

참여마당

귀때기청

2021. 10. 17. 일.

광명햇살 솟구치며
설악산이 깨어나고
공룡능선 용이나는
가슴벅찬 인생환희

대중소청과 키재기
뺨을맞은 귀때기청
바위너덜 고행삼매
탁트여서 속이후련

단풍말라 아쉽지만
기암절벽 불꽃되어
피어나는 파노라마
보는것이 道로구나

십이선녀 놀이터에
복숭아폭 첼로연주
은빛암반 여인쉼터
친구덕에 만났다네

참여마당

가을

2021. 10. 18. 월.

바람따라 단풍와요
살짝살짝 꼬리치며
붉은물결 스며오니
금수강산 술취하네

새벽안개 고요하게
단풍잎을 적셔가니
색동옷을 갈아입고
연지곤지 수줍구나

양떼구름 새털구름
저녁노을 물들이듯
가을단풍 알록달록
나그네들 쉬게하네

가을바람 한들한들
여유롭게 흘러가니
감미롭고 로맨틱한
커피향이 그립구나

무장봉

2021. 10. 19. 화.

고목나무 떨고있는
가을들판 오곡백과
총천연색 화려해도
단풍없이 가을가네

벼가익음 고개숙여
어떤벼는 너무숙여
쓰러져서 말라가니
예절에도 과유불급

무장봉의 억새들판
하늘구름 어울려서
바람따라 은빛물결
에헤라아 덩실덩실

맑고고운 가을계곡
가을맛이 흘러가니
미나리에 유혹되어
가을먹고 겨울맞네

왜이럴까?

2021. 10. 20. 수.

백수과로사 아나요
하는일이 없는데도
왜이렇게 바쁜가요
할일없이 바삐사네

이런저런 할일있어
꼼꼼하게 챙겨들고
동선점검 오가는데
교환물품 잊고왔네

쇠퇴하는 기억행동
귀를잡고 왜이럴까
기억할일 없다보니
기억능력 건망상실

기억력을 살려내자
기억할게 있어야지
돌아가는 세월속에
물흐르듯 살뿐이네

다대포

2021. 10. 21. 목.

조개껍질 바삭바삭
동심의길 걸어가면
뉘부르는 소리들려
돌아보면 파도소리

바닷가의 모래밭에
그리운님 그려보며
설레는맘 어찌못해
사랑노래 불러본다

징검다리 건너가며
고추달랑 물놀이에
깔깔대고 웃던시절
석양놀에 지는구나

몰운대에 갈대습지
가덕도와 거제도등
임진왜란 왜적함대
격파소리 룰루랄라

당랑거철(螳螂拒轍)

2021. 10. 22. 금.

사마귀가 길위에서
앞발세워 꿈쩍않고
당랑거철 싸울태세
용기대단 두렵구나

죽을줄도 모르면서
기계높은 사마귀에
기가막혀 웃으면서
나무숲에 놓어줬네

사마귀는 교미후에
숫놈서방 잡아먹어
숫놈들은 방사후에
불이낳게 도망하네

사마귀의 배짱삶도
세월속의 노하후라
저미물에 우리인생
기대살지 어찌알꼬

birdie

2021. 10. 23. 토.

새를잡자 새를잡아
새잡으려 휘두르니
새는없고 잘보라며
보기보기 추가보기

작은새들 잡다보면
독수리도 잡고싶고
독수리를 잡다보면
원숭이도 잡고싶네

인간욕심 끝이없어
살생하면 탈이나요
그냥그냥 기분좋게
파파파파 웃어봐요

웃으면은 기분좋아
후련하게 뻗어치니
새가새가 날라들며
새타령에 달랑달랑

참여마당

순천만 · 낙안읍성

2021. 10. 24. 일.

철새쉼터 순천만에
한가로운 자유평화
동식물이 어우러진
자연소리 들려오네

연꽃잎을 맹글어논
갈대들의 자연예술
짱뚱어와 칠게터전
바닷물과 삶의곡예

부용산의 낙안읍성
초가집들 이엉얹고
머리단장 신구대비
자연스레 한폭그림

알이꽉찬 배추밭과
황금들판 가을채색
인심넉넉 삶의여유
인생여정 웃음짓네

교통지옥

2021. 10. 25. 월.

아침저녁 교통지옥
어딜가나 꽉꽉막혀
시간지옥 발이동동
사람삶이 지옥생산

차가있어 편리해도
차가있어 불편하니
차속에서 발굴리며
세상한탄 부글부글

지하철의 표어처럼
약속시간 지켜줘서
운전갈등 해소되며
사색하는 아침시간

두어시간 걷는아침
상쾌하게 다가오며
자연과의 친밀모드
여유시간 천당생산

참여마당

생일

2021. 10. 26. 화.

옹기종기 아옹다옹
함께했던 지난시간
외뿔소로 떠나가고
생일날에 문자뿅뿅

멀고바빠 마음전달
미역국에 밥을먹고
생일잔치 즐기려고
국화축제 길나서네

밤하늘이 빛이나고
국화꽃이 아름답고
대자연이 평온한건
당신있어 가능하네

생일잔치 열어보자
아름답고 신이나게
사랑별빛 쏟아지는
가을축제 생일잔치

국가정원

2021. 10. 27. 수.

곧은절개 하늘관통
태풍에는 파죽지세
흥망성쇄 돌아감을
십리대밭 알려주네

노랑빨강 국화물결
벌과나비 유혹하고
훨로나는 벌나비들
화려함이 쓸쓸하네

억새들의 반짝이춤
백일홍꽃 충천연색
꽃과사람 환한웃음
국가정원 꽃의정원

무지개를 건너가며
새가되어 날아올라
강바람을 타고노니
몸과맘이 극락세상

참여마당

낭만국화

2021. 10. 27. 수.

태화강의 국가정원
국화꽃들 만발소식
희망열차 타고가자
낭만국화 보러가자

시간낭만 여행낭만
새들낙원 구름낙원
꿈의향기 님의향기
볼수있어 무릉도원

노랑국화 붉은국화
공작국화 대소국들
세월시간 사람손길
아름다움 탄생하네

시간간다 한탄보다
다가오는 희망품고
미래꽃을 찾아가면
낭만시간 활짝피네

시간여행

2021. 10. 28. 목.

태어나서 무덤까지
인생이란 시간여행
잘났거나 못났거나
동일시간 다른결과

야망따라 달라지는
명예지혜 깡통쪽박
머물러도 움직여도
시간여행 가고있네

이왕떠난 시간여행
감미롭고 유쾌하게
여행길을 만드는건
자신에게 달려있네

오늘여행 어떤가요
내일여행 어떨까요
미리미리 계획세워
시간여행 즐겨보세

참여마당

흙수저 · 금수저

2021. 10. 29. 금.

흙수저 금수저논쟁
흙수저는 금수저不
안된다는 철의장막
그자체가 흙수저네

성공한분 가능성에
매달려서 개선전진
실패한분 불가능에
목숨걸고 싸말리네

금수저가 흙수저로
흙수저가 금수저도
삼대부자 없다하고
삼대거지 없다했네

신사업은 끊임없이
일어나며 인재찾아
편승할지 머무를지
흙금수저 판명되네

웃음행복

2021. 10. 30. 토.

웃는일이 없는세상
답답함에 신세타령
웃음소리 크게내면
파란하늘 환희웃네

속앓이에 근심걱정
슬픔속에 살아왔어
그날들을 잊게하는
웃음소리 행복시작

즐거움을 만들어서
웃음소리 높여가자
웃다보면 맘도쾌할
웃으면서 살아야지

행복이란 별거아냐
웃다보면 절로행복
바보처럼 유치해도
웃음으로 행복미소

참여마당

금정산

2021. 10. 31. 일.

알록달록 단풍행열
하늘능선 청룡날고
나비춤을 나플나플
가을산행 도원이네

졸졸퐁퐁 맑은물에
단풍돛배 띄워가며
어린시절 쫄랑걸음
깔깔웃음 행복피네

행복해서 웃음보다
웃다보면 행복한것
가을단풍 등산님들
웃음만발 행복가득

악이있어 선이있고
악이없음 선이없어
선과악의 이중심리
웃음으로 善날래야

CONTENTS

11 월

주마간산

2021. 11. 01. 월.

가을단풍 가을향기
님이편함 화려해도
님이불편 빛을잃어
세상구경 주마간산

세상천지 국화물결
가을장식 온갖멋도
님이없어 허허하니
꽃조차도 시들시들

도라지꽃 코스모스
연인으로 다정하게
바람결에 살겨워도
님없는길 의미없네

세상만물 아름다움
서로보며 의지하고
정다웁게 피는것은
짝이있어 그렇다네

참여마당

영축산

2021. 11. 02. 화.

덤풀숲을 스쳤더니
엉컹퀴가 몸에잔득
웃통벗고 제거수행
종족번식 일조했네

힘들면서 가벼운길
생각따라 몸이변화
무념무상 영축산은
가을벗고 겨울채비

삼형제바위 함박등
빈벤치에 낙엽뒹굴
오가는게 자연이라
앉아쉬며 멍때리네

백운암에 정신수양
단풍한편 낙엽무성
오고감의 만감교차
국화축제 신세계네

묵비권

2021. 11. 03. 수.

서로팽팽 의견논쟁
실타래를 풀어내듯
아픈마음 씻어내고
큰나무로 굳게서소

묵비권이 오래가면
가슴상처 깊어지니
눈녹듯이 녹아내려
보름달로 환희웃소

살다보면 한순간들
옥신각신 아픔보다
대자대비 이해하며
미래살날 꽃피워요

억새들의 은빛노을
코스모스 살랑웃음
화가녹아 사랑거름
마주보며 미래웃음

참여마당

해운대

2021. 11. 04. 목.

해저무는 동백섬에
황제거울 빛나는데
염화미소 곱디고운
사랑님이 담겨있네

소나무밑 빈의자에
소담소담 지난얘기
많은사연 이쁜추억
해운대의 별이되네

고깃배의 불빛놀이
파도소리 자장노래
팔베개의 평온함에
새끈새끈 꿈을꾸네

사랑하고 사랑해서
곁에두고 사랑해도
사랑부족 사랑갈증
사랑한잔 행복한잔

장산

2021. 11. 05. 금.

가을산길 걸어가면
바삭바삭 님오시나
쫄랑쫄랑 따라오는
그림자에 님이신가

곱고예쁜 단풍잎손
잡아주는 손길에서
용기얻고 힘이되니
내사랑이 최고라네

산길덮는 낙엽들이
거름으로 회자정리
올한해를 돌아보며
산꽃들에 나를찾네

사시사철 꽃이피며
꽃과꽃들 영역존중
말없는꽃 질서예절
대자연은 사람스승

차(車)

2021. 11. 06. 토.

코로나함께 일상화
산악회와 산행동행
만원인파 홍이나도
마스크는 제자리네

버스타고 세상구경
높은차는 넓은시야
낮은차는 좁은시야
동일한길 새로운길

관광버스 여유롭게
가을산하 가을풍광
그윽하고 아늑하여
보는세상 낙원이네

높이날면 멀리보듯
경험통한 관념변화
보인대로 행하듯이
좋은풍광 사람정화

만복대

2021. 11. 06. 토.

지리산의 심심유곡
오색찬란 단풍행렬
혼자보니 속이쓰려
허전함만 밀려드네

가을가는 하늘산길
고즈넉한 운치백미
그리움이 쌓여가며
낙엽황혼 구름여행

지리산을 병풍삼아
억새초원 만복대에
목을놓아 불러본다
사랑아아 내사랑아

총천연색 계곡단풍
연지곤지 발그스레
누가서도 모델인데
내님만은 못하구나

참여마당

가지산

2021. 11. 07. 일.

가을단풍 오색빛깔
양탄자로 수를놓고
낙엽덮힌 옥류계곡
이가을이 흘러가요

가지산의 단풍훨훨
시몽의시 읊조리며
소와담에 배를띄워
님과함계 노를젓네

용수골 호박소폭포
쇠점골 오천평바위
천상낙원 단풍낭만
가을이 익어가네요

아름다운 이가을이
너무나 사랑스러워
단풍잎하나 고이따
책갈비에 꽂아두네

사랑시간

2021. 11. 08. 월.

사랑하고 사랑하는
아름다운 시간들이
왜그렇게 빨리가나
시간증발 흔적없네

돌아보면 많은시간
함께있음 짧은시간
시계바늘 후딱후딱
묶어놓음 안가려나

님그리워 우는새야
님있어도 지지배배
사랑노래 님그리며
님을찾다 시간안녕

화사한꽃 피어나도
화무십일홍 떠나가
님꽃향기 영원하게
곱고맑은 사랑시간

가을나들이

2021. 11. 09. 화.

가을익는 가을찾아
영알프스 들어서니
불에타는 붉은산하
침이꼴딱 붉은사과

모닥불의 온화열기
추풍낙엽 불씨살려
밀양호와 운문호에
단풍불꽃 그윽하네

만어사의 물고기돌
종소리의 평온한음
은은하게 퍼져가며
사랑향기 충성함성

하늘향해 두팔벌린
노란감들 주렁주렁
까치들은 어디가고
주인영감 외롭구나

궁정부정

2021. 11. 10. 수.

긍정생각 발전마음
할수있단 행동있어
무엇이든 돌파하니
좋은일이 이어오네

부정생각 내마음을
근심걱정 낳게하는
채찍되어 매질하니
우울마음 사로잡네

하나라도 소중하게
하나라도 가치있게
모든것에 생명넣어
행동이행 만사형통

원인때문 안된다고
핑계없는 무덤없어
다른방법 찾아보면
해결방법 쌨고쌨네

참여마당

회동수원지

2021. 11. 11. 목.

흰머리를 휘날리며
하얀구름 어디가나
좋은곳이 있거들랑
나를태워 함께가세

금정능선 부산지붕
붉은병풍 낙엽날고
계곡마다 만산홍엽
연인향기 감미롭네

부엉산과 오륜대에
옛사람들 간곳없고
오리집 막걸리한자
벗이없어 스쳐가네

찬바람이 몰고오는
검은구름 비를뿌려
길손없는 수원지길
덜덜떨며 외로운길

기온이뚝

2021. 11. 12. 금.

십일월초 기온따뜻
일교차도 미지근해
마른단풍 가을끝에
기온이뚝 옷여미네

겨울맞는 길거리에
십년전후 삶이있어
지금삶의 방식따라
십년후삶 어떤모습

찬바람과 맞서면서
삶을영위 고단한삶
이겨울이 매서워도
찬서리를 밟는다네

잘살려고 밤낮없이
백발주름 늘어나도
핑계젊음 편안일만
상상하며 방콕하네

참여마당

금정산

2021. 11. 13. 토.

낙엽융단 타고날자
바람따라 올라가서
하늘나라 구름위에
신선되어 세상유람

하늘릿지 마애불상
암군들의 놀이터에
가을햇살 쬐어가며
낙동강에 고행씻네

고당봉의 거북등에
커피한잔 감상한잔
김해평야 금관가야
역사한잔 추억한잔

무명릿지 부채바위
선녀들의 춤사위와
억새들의 살사댄스
탁주한잔 홍익인간

쇠점골

2021. 11. 14. 일.

가을낙엽 푹신푹신
쇠점계곡 졸졸졸졸
가고있어 오는거라
가는것은 가는거네

물흐르듯 좋은활동
덕이쌓여 복이오니
덕을쌓는 의식보다
몸에배인 덕행일상

미래상상 심리불안
삶의질을 저하시켜
지금현재 덕행행복
쌓아가면 미래되네

오천평반석 호박소
아름다운 꽃이되어
보는것도 덕이로니
자연친화 덕행이네

참여마당

물

2021. 11. 15. 월.

산기슭의 빗방울이
골을따라 또록졸졸
소와담에 모여살다
큰일하러 길나서네

골골마다 흘러내린
친구들이 모여모여
의기투합 맑은세상
폭포장관 세상의빛

강줄기들 대지적셔
윤택한삶 베풀어도
꾸정물에 악취폐수
헌신하고 뺨을맞네

좌충우돌 방황하며
깍아내고 쌓아가며
넓은바다 혼란속에
도를닦아 하늘승천

백지한장

2021. 11. 16. 화.

생각한것 행동전환
백지한장 차이라도
날이가고 세월가면
책이되고 전집되네

백지한장 미미해도
티끌모아 태산이듯
지금순간 별것아냐
세월지남 격차발생

생각하고 머무를때
누군가는 행동해서
내생각이 백지되어
생각속에 머무르네

생각행동 백지한장
몸과맘이 따로놀아
핑계대며 내일내일
황혼에도 백지한장

참여마당

파장

2021. 11. 17. 수.

넓은바다 살랑파도
반짝반짝 모래알들
편안하고 행복시간
영원하길 바란다네

폭풍우가 몰려오며
험한파도 때려가니
공든탑이 무너지고
잔해들만 즐비하네

맥이빠져 한숨나도
죽기살기 일어나서
굴복하지 않으리라
내일위해 뛰고뛰자

삶이란게 바다란다
영원평온 없는거야
오르내림 험한파장
이겨냄이 인생이네

참여마당

가을

2021. 11. 18. 목.

이가을이 익어가네
한해결실 내어놓고
온몸태운 불꽃향연
가을이여 불바다여

활활타서 모닥불로
아낌없이 떨어내며
재가되고 거름되어
내일위해 승화하네

아직못핀 가을단풍
가는친구 따라갈까
늦게까지 버텨볼까
길손에게 길을묻네

환생위한 가을울림
떨어내야 삶이풍요
온몸던진 자기희생
세상만물 살찌우네

참여마당

꽃받침

2021. 11. 19. 금.

아침해가 붉게붉게
온누리를 깨워가며
희망에찬 기운상승
님을위한 꽃받침들

붉은단풍 알록달록
아름다운 가을색채
볼그스레 피어나는
님을위한 배경이네

애기동백 하얀꽃잎
파르르르 떨린울림
고운백미 수줍음을
받쳐주는 꽃받침야

사시사철 예쁜꽃들
화려하게 피어나며
활짝웃는 젊음들이
님을위한 꽃받침야

운문산

2021. 11. 20. 토.

석골폭포 암벽연주
석골사는 수도정진
가을바람 풍경소리
마음평온 낙엽음미

바위절벽 불뚝불뚝
우람풍채 멋이있어
매달리며 풍광감상
땀의가치 범봉미소

겨울맞는 낙락장송
돌틈속에 자라면서
고고하게 푸르르니
불굴의지 삶의교훈

나뭇꾼이 보쌈했나
선녀없는 선녀폭포
선녀들이 놀러오게
염불외며 약수한잔

참여마당

장산

2021. 11. 21. 일.

만연하게 익어가는
장산가을 나뭇잎들
하나하나 날리면서
가을길을 수놓구나

낙엽양탄자 바스락
님오시나 둘러보니
까마귀만 까악까악
빈하늘이 허허하네

코끝톡톡 단풍잎새
같이놀자 살랑살랑
너희들도 가는길이
달갑지만 않겠구나

나무뿌리 돌부리들
발을걸고 시비걸어
감싸안고 토닥토닥
시간여행 가을소풍

할수있다

2021. 11. 22. 월.

할수있다 할수있어
안된다는 말보다는
할수있다 외치면서
도전하면 가능열려

많은눈물 소금되어
괄시멸시 극복하고
하나하나 실력쌓아
최고장인 이룩하네

날밤새며 도전하고
피와땀이 몸에배야
몸이반응 답을하고
명인대열 올라서네

상대보다 하나더더
높이가면 우수집단
그위가면 인재집단
산너머산 할수있다

참여마당

덕유산

2021. 11. 23. 화.

하늘나라 선녀들이
하얀솜을 내려주는
덕유산에 달려가니
하얀꼬깔 방긋웃네

곤도라로 눈꽃여행
백설왕국 덕유나라
선남선녀 감탄화색
자연여행 극락순례

이슬바람 조각예술
백로화가 만발하여
눈꽃터널 신혼꽃길
하늘축복 영광이네

생각하고 찾아보며
실천하고 얻는축복
추억들이 쌓여가며
행복시간 영원하리

명당

2021. 11. 24. 수.

풍수지리 명당자리
발복해서 벼락권세
훗날보면 아부하고
내로남불 사기역적

식물들도 햇살명당
일찍개화 자랑하다
꽃샘추위 찬서리에
꽁꽁얼고 님도없네

햇살부족 그늘써늘
늦게개화 날씨따뜻
벌나비들 유유자적
님도보고 뽕도따네

바람적고 양지바른
좋은터전 순간역전
개발바람 터전잃어
명당자리 돌고도네

참여마당

해운대

2021. 11. 25. 목.

아침햇살 금빛물결
하얀파도 서핑하며
금모래빛 은모래빛
동백꽃이 붉게피네

안개구름 금칠하며
일출광명 희망의빛
조나단은 높이날며
목표비행 소원성취

붉은일몰 어둠잉태
야경불빛 오색물결
칠흑바다 인어공주
별을세며 밤을세네

불빛축제 조명잔디
연인들의 술래잡기
사랑멜로디 울리며
해운대밤 깊어가네

금정산

2021. 11. 26. 금.

찬공기 어슬렁거려
범어사서 심신녹여
푸른창공 차고나니
고당봉이 명경선물

금정산성 역사산실
좋은성을 축성해도
자주국방 외부의존
왜놈들에 치욕당해

동문에서 하산할까
남문에서 내려갈까
마음갈등 회를쳐서
수원지행 말달리네

성지곡에 빠진가을
잉어떼위 오리무리
입맛다신 그림의떡
안되면은 즐기라네

참여마당

새벽버스

2021. 11. 27. 토.

이른새벽 주말버스
텅텅비어 출발하니
새벽일을 가시는분
취침속에 드셨구나

고된일로 하루일과
그들있어 사회청결
고마움을 잊고살다
특정한날 느껴지네

승객없는 안내방송
혼자울며 신세타령
한가해서 좋다만은
버스기사 맘상할까

명과암이 돌아가며
서로서로 무언협력
가로등이 조는시간
차량승객 늘어나네

쇠뿔바위봉

2021. 11. 27. 토.

변산반도 국립공원
쇠뿔바위 자랑풍성
새벽달려 도착하니
암릉들이 줄을섰네

암릉위용 도열속에
어수대서 세심하고
한땀흘려 차고나니
낙엽썰매 쪼글딱퍽

새만금과 변산산세
의상봉과 암릉예술
요리보고 조리보며
즐겨가며 시간여행

고래등의 끝자락에
암봉한쌍 쇠뿔따구
우측봉의 명경산수
무릉도원 아니련가

전환기

2021. 11. 28. 일.

겨울문턱 넘는길목
가을색채 남은여운
나무조차 아쉬운지
숨죽이고 고요하네

가을햇살 따가우며
겨울바람 한기전달
햇살쨍쨍 바다반짝
수평선 우리대마도

반팔티에 스타킹에
오리털에 겨울담옷
계절복장 혼재되며
겨울동백 빼식웃네

오고감이 혼재미묘
전환기에 어영부영
산과아래 기온차이
저체온증 혼비백산

시간축제

2021. 11. 29. 월.

가는시간 오는시간
많은시간 흘러가며
보낸시간 귀히알면
시간낭비 없을거네

지금부터 오는시간
아름답게 만들면은
후회없이 즐거움만
가득않고 잘살았네

자신에게 배정시간
쪼개쓰던 아껴쓰던
오는시간 빛이나게
행복행동 시간축제

많은연은 연에얽혀
귀한시간 상대시간
소중한연 귀히여겨
상호시간 가치발산

참여마당

좋아하라

2021. 11. 30. 화.

사랑보다 좋아하라
불이번쩍 사랑불꽃
원초적인 본능사랑
불이꺼짐 사랑안녕

오늘보다 좋은내일
능력개발 하나하나
나도좋고 님도좋고
서로서로 좋아하네

불꽃사랑 활활타다
내면으로 들어가서
깡통소리 요란하면
사랑미각 사라지네

자신들의 좋은장점
상호호응 좋은얘기
서로위해 꾸려가면
사랑불꽃 영원하리

CONTENTS

12 월

가지산

2021. 12. 01. 수.

새벽별을 달려간다
가지산의 상고대를
칼날위용 기세보러
겨울나무 옷도없네

기대상상 맹탕이야
그러니까 인생이야
바라는게 크다보면
허전함이 풍선되네

하얀잔설 뽀득뽀득
현재상황 즐기면서
칼바람에 속이후련
파란하늘 눈부시네

찬바람에 몸이얼얼
라면국물 속이풀려
최고의맛 이맛알까
작은것에 따뜻행복

참여마당

가고플까

2021. 12. 02. 목.

아침해가 떠있어도
산그림자 가로막혀
찬기운이 엄습하니
명당자리 찾게하네

천문사의 해탈문과
사리암의 해탈교위
백세시대 외치는데
해탈길을 가고플까

저승보다 이승좋아
지옥에서 천상까지
윤회의길 벗어나야
해탈인데 가고플까

삶의질곡 끝없을때
해탈경지 찾겠지만
삶의질이 좋아지면
해탈경지 가고플까

단풍

2021. 12. 03. 금.

겨울바람 오돌오돌
낙엽들이 떨어질때
붉게타는 단풍잎에
손을쬐며 바라보네

볼그스레 아기단풍
고운빛깔 앙증맞아
열레열레 까꿍까궁
잠든감성 피어나네

단풍잎을 고이펴서
책갈비에 넣어보니
발그스레 웃음짓는
그리운님 품에안네

단풍잎들 붉은꽃물
대지적셔 가시는길
장원급제 축복융단
아름다운 유종의미

신기루

2021. 12. 04. 토.

여명아침 무지개빛
빨주노초 파남보색
바다에서 파란하늘
부채꼴로 채색하네

수평선에 널린태양
동그랗게 빛나는데
뜨지않고 제자리에
해없는해 신기루네

무지개가 빛을잃고
바다투영 해도증발
구름금빛 광채발현
찬란태양 방긋방긋

잠을자던 만물들이
아침햇살 기지개에
우리의땅 대마도가
엎어지면 코닿을듯

월출산

2021. 12. 05. 일.

따라가면 지친다오
자기속도 맞춰가며
천하절경 월출산을
요리조리 감상하세

현수교서 말달리며
콧노래를 불렀었지
암봉길에 땀흘리며
통천문에 극락세계

구정봉의 금샘거울
아리따운 님이비쳐
반가움에 함께누워
사랑연가 불러보네

삼라만상 암봉군상
억겁세월 달빛사랑
누런억새 극락이별
도갑사에 참선수양

활동

2021. 12. 06. 월.

목표설정 없다해도
우연찮게 해야할일
연속해서 하다보면
목적되고 목표되네

죽으려고 길나섰다
자신보다 불쌍해서
동냥구해 도와주다
삶이되고 봉사명예

직장생활 농촌생활
일하면서 돈을벌어
삶의질이 개선되며
더큰목표 지향하네

핑계없는 무덤없듯
못한다는 핑계보다
어찌하면 할수있지
긍정활동 인생역전

십장시

2021. 12. 07. 화.

후한말에 십장시가
매관매직 왕권농락
가렴주구 고혈빠는
거짓정치 백성통곡

범죄자요 배신자가
정의구현 대선출마
이익쫓는 아첨자들
정의상실 세상말세

어진왕의 측은정치
현대판의 십장시들
대들면서 깔아뭉개
검은머리 비수꼽네

십장시들 사익추구
경찰국가 매국행위
국가재정 아엠에프
국가몰락 하루아침

진주

2021. 12. 08. 수.

깊고깊은 연한속살
씨앗결석 자리차지
에린살갗 발버둥에
진액분비 돌돌마네

깊은바다 모진풍파
길고긴날 상처치료
따가움이 보석되며
인고산통 수술대네

우유빛깔 은하수별
검은빛깔 흑표범눈
영롱하고 앙칼맞게
눈길유혹 매혹되네

진귀한것 탄생과정
쉬운일이 어디있나
불철주야 노심초사
정성들인 결실이네

봉래산

2021. 12. 09. 목.

고구마의 첫시배지
절영도라 찾아보니
아메리카 인도중국
오랜세월 멀고머네

왜그렇게 못살았나
백성고혈 빨아대고
굶주림에 쩔인시절
안태어나 천만다행

봉래정상 할미바위
예올리고 부산조망
해운대서 송도까지
회색빛깔 삶의색채

영도둘레길 한바퀴
해안산책 선박잣차
선박공구 기름얼굴
세계일위 최고의상

해돋이

2021. 12. 10. 금.

새벽달도 잠이들고
수평선은 구름산맥
붉은기운 일어나도
해돋이를 못보겠네

동백섬을 돌다보니
해돋는곳 구름없이
바다속에 투영되는
해가떠서 반짝이네

눈썹해가 방긋웃다
호빵가슴 탐복하고
쟁반해에 벅찬희망
세심일출 발전의힘

대형상선 지나가니
해와바다 분리되며
신비한빛 바다색칠
오늘하루 행운일출

금전산

2021. 12. 11. 토.

낙안읍성 명당진산
금전산의 암봉군락
산행코스 오묘한데
삼차백신 몸사리네

구능수굴 쌀바위에
구멍파는 인간욕심
쌀은스톱 처사샘물
기도음수 자식잉태

바위능선 칼춤따라
정상돌탑 품에안고
금강암에 평온시주
바위낙하 구사일생

금전산과 이웃산들
낙안읍성 금빛초가
풍요기운 환한얼굴
고진감래 성숙한삶

참여마당

용봉산

2021. 12. 12. 일.

용이날며 한쌍봉황
용봉산의 비상기운
작은고추 맵다더니
금강산에 견주구나

세심천에 날개달고
파닥이며 용을타니
수암산의 거북할매
오형제암 애절전설

연인바위 마주보며
모진세월 동고동락
사랑이란 신뢰인내
보는이들 귀감이네

최영활터 암봉군과
홍성들녘 풍요상징
천사소풍 맛난감홍
용봉산의 선물이네

한가로운

2021. 12. 13. 월.

싱싱했던 푸르른산
헐거벗고 겨울나기
파란하늘 햇볕쬐며
어깨동무 체력단련

나무숲에 얼굴가려
관심잃은 암봉들이
겨울오니 웃통까고
근육질을 자랑하네

서슬퍼런 냉한강물
보는것도 떨리는데
오리들은 한가하게
사랑놀이 유영이네

사라지며 살아나고
있으므로 어울리고
숨고르며 자기완성
한가로운 만물공연

역산

2021. 12. 14. 화.

탁억탁억 깨진억산
파란날씨 골격선명
아픈상처 추억하며
건강할때 즐기라네

한번가면 오지않아
지난시간 추억말고
지금부터 행복웃음
고집멸도 즐겨가야

낙엽산길 미끌리며
시몬낙엽 감성읊고
문바위에 천복빌며
사람욕심 변심마술

맑고고운 계곡음율
바람소리 산새소리
산상음악 하모니에
환상산하 감미롭네

바람

2021. 12. 15. 수.

황량벌판 모래바람
헤비파고 찌져가며
억겁세월 대작예술
칼바람이 예술가네

밀림정글 나비바람
꽃피우고 씨앗이동
냄새전달 새가비행
낭만바람 여행가네

몰아치는 한설바람
춤을추는 한들바람
비바람에 우는바람
바람불어 변화하네

지금순간 힘들어도
모진역경 이겨내면
바람예술 탄생하듯
인생바람 예술이네

참여마당

탈춤

2021. 12. 16. 목.

억울하고 여린백성
못난양반 풍자탈춤
지식층의 친일파들
탈춤추며 매국하네

겉모습은 한국백성
속마음은 왜놈으로
한국정부 돈을받아
왜놈역사 장식탈춤

친일파들 관직탈춤
한국역사 지킴이들
개인돈을 털어쓰며
현재에도 독립투쟁

삼국사기 삼국유사
유물창고 처박히고
일본사기 한국탈환
박물관도 왜놈사관

홍길동

2021. 12. 17. 금.

아버지를 아버지라
못부르는 서얼설움
신분계급 목이메고
한이되어 의적되네

탐관오리 권력자들
지들리그 영원유지
첩의자식 세금내고
신분제한 통곡하네

권문세가 악의축이
노비세습 제도악용
도적반란 유도하며
곤장치고 승진하네

놓아야할 권력가들
쌓고쌓아 군림하고
여린백성 청백환상
비워가니 쪽박신세

참여마당

회문산

2021. 12. 18. 토.

지리비롯 사방천지
산세들과 물줄기를
회문산이 지휘하니
대자연음 웅장하네

임실순창 농민식자
우여곡절 천대받아
산속으로 도망치니
빨치산에 가담되네

회문산은 빨치본부
비행기로 융단폭격
옛이야기 만감교차
왜정시대 발단전쟁

최고명당 기받으며
전쟁속의 소용돌이
명당이라 할수있나
어느순간 회문명당

가야산

2021. 12. 19. 일.

가야만물 방구물상
소나무와 어울려서
한국화를 그려놓아
자연풍류 즐겨가네

가는시간 회환보다
오는시간 마중물로
만물상과 대화하니
백설눈꽃 반겨주네

칠불봉과 우두봉에
암봉불꽃 모여들어
성스러운 기운서려
대가야를 창건했네

해인사 팔만대장경
몽고침략 물리치자
역사교훈 외치면서
반목역사 백성고초

참여마당

해운대

2021. 12. 20. 월.

검은하늘 둥근달이
새벽길에 동무해서
밝은마음 활짝열고
찬바람도 마다않네

구름장벽 뚫는일출
어퍼컷에 찌그러져
햇님삶도 역경극복
순탄하지 않았구나

햇님취침 별이방긋
불빛축제 환상속에
눈이시원 들뜨는데
검은바다 숨죽이네

모래알이 조잘대니
연인들도 꿈이야기
별도화답 반짝이는
해운대의 사랑이네

남산(청도)

2021. 12. 21. 화.

첫도전의 낯선길에
덤불숲을 헤쳐가며
인생이란 그런거야
개척하며 길을찾네

인적드문 한재고개
화악산과 한재마을
미나리맛 회상하며
쇠줄타니 삼면봉야

좌표상과 다른정상
머피법칙 오늘일정
순탄한게 어디있나
부딪히며 상황해결

세상살이 험난해도
중도포기 습관되니
목표실현 가야할길
난관뚫고 어서가자

참여마당

동지

2021. 12. 22. 수.

일년중에 최고긴밤
동지일출 밤낮변화
절기마다 의미부여
오는길을 준비하네

동지팥죽 먹는재미
팥죽사진 대체되어
편리함에 실리추구
옛맛정성 변화하네

잘살면은 못삶보다
행복지수 낮은것은
정성문화 돈이해결
오가는정 변화겠지

붉은기운 악을쫓는
처용팥죽 잊혀지며
붉은해에 꿈을꾸는
조나단의 비행탑승

생활과학

2021. 12. 23. 목.

사실아닌 사실들이
일반상식 진실처럼
우리생활 함께해서
가끔가다 헷갈리네

동지이후 낮과밤이
아침일출 늦게뜨고
저녁일몰 늦어지다
십일경에 둘다역전

빛의운동 직선아냐
중력영향 달라지며
빛도굴절 빛사라짐
상대성에 변화하네

사실관계 규명하고
새로운것 찾아내고
상대영향 풀어내는
생활과학 삶의재미

등대

2021. 12. 24. 금.

달도없는 칠흑바다
한치앞도 볼수없어
어둠조차 떠는곳에
등대홀로 외롭구나

동지섣달 긴긴밤에
소금물에 절여가며
목이메어 떠돌아도
별조차도 숨어드네

그믐달이 살짝뜨니
달빛바다 금빛물결
영혼부른 손짓속에
인어울음 애절하네

짝이없는 슬픈인어
등대어깨 기대어서
어접린에 밤태우며
새벽바다 핏빛향연

크리스마스

2021. 12. 25. 토.

좋은날은 좋은대로
나쁜날도 좋은날로
생각따라 몸이반응
추워도 크리스마스

밝게살라 불빛장식
따뜻한정 나누라고
징글벨에 산타선물
크리스마스 따뜻해

강추위에 싸늘하늘
헐벗겨진 가로수들
코로나로 엄동설한
도움손길 얼어붙네

설레던 크리스마스
종교탈쓴 인간사악
의미퇴색 빛바래니
탈쓴종교 개혁시급

강추위

2021. 12. 26. 일.

몰아치는 바람소리
문도울고 창도울고
울음소리 한기들어
문꼭닫고 햇볕쬐네

파란하늘 덩그러니
눈이시려 움츠리며
아이고야 춥다추워
집구석이 최고라네

뒹굴다가 좀이쑤셔
해운대로 나섰더니
강추위에 불구하고
사람들이 넘쳐나네

파란하늘 파란바다
갈매기들 백색향연
시원한맛 가슴후련
삶의질을 높여주네

커피

2021. 12. 27. 월.

은은하게 퍼져가는
커피향기 감미로워
커피한잔 손에들고
여유시간 가져보네

사람손이 예술이야
저장방법 맛을첨가
아메리카 비엔나로
다양하게 변천하네

다방커피 프리마에
설탕셋에 담배연기
옛시간들 흘러가는
음악감상 젊음였네

라떼커피 옛이야기
농담으로 웃음으로
커피향에 일도풀려
창밖보며 흐뭇하네

동해선

2021. 12. 28. 화.

부산울산 하루생활
동해선이 개통되어
동해바다 절경보며
덜컹덜컹 몸을싣네

태화강역 여천따라
울산항만 산업단지
고래마을 사람냄새
고래집은 업종전환

인적드문 공장단지
울산지역 첫발사업
故정주영 대단안목
대한민국 산업기둥

선암호수 아기자기
장군멍군 건강힐링
외기러기 훨로날며
개운포역 어디메뇨

떡

2021. 12. 29. 수.

시루떡을 비롯해서
송편절편 알록달록
윤도반질 오돌토돌
맛도좋고 보기좋네

곡물가루 빻고찌고
자연식물 파스텔톤
먹기좋게 한입손질
쫀득쫀득 달콤세상

이웃간에 정나누는
아름다운 소통의떡
이사떡도 사라지며
오던말던 관심없네

쑥떡쑥떡 옛정안녕
고급풍의 귀족입맛
오색찬란 형형색색
문화변화 삶의변화

수영강

2021. 12. 30. 목.

볼때기를 때려가는
수영강의 강바람도
철새들은 자맥질로
물놀이에 여념없네

버드채찍 누런갈대
이리비틀 저리비틀
자기중심 못잡아도
물고기들 보금자리

강을정비 깨끗단정
맑은물에 고기없듯
풀과나무 뒤엉켜도
동물살곳 배려필요

저녁해는 산을넘고
오리백로 귀가시간
구수한맛 배가꼬륵
행복지수 올라가네

참여마당

사랑의 꽃

2021. 12. 31. 금.

아름다운 사랑의꽃
맑은웃음 순수한삶
호수가의 평온함이
당신에게 담겨있네

힘이들고 지친어깨
토닥토닥 피로풀며
옛이야기 회상하며
환한미소 정겹네요

삶의현장 세월손에
꿈을꾸며 미래계획
티격태격 곁에있어
힘든세상 아름답네

즐겁거나 행복시간
축지법을 쓰고가나
사랑의꽃 시들까봐
보고있어도 보고파

안녕

2021. 12. 31. 금.

흘러가고 흘러오고
한해한해 쌓인세월
앞으로도 쌓을세월
물흐르듯 갈수없나

맑고고운 물줄기가
사람손을 타는구나
잘살아서 탁해지며
물처럼도 살수없네

송구영신 만사형통
잘되라는 새해인사
비우라며 욕심추구
도깨비가 비웃었네

한해농사 돌아보며
새해농사 준비하는
신축년과 임인년에
자아보고 자아찾네